Alles, was nach Big Apple und Downtown schmeckt

Friedrich Bohlmann

Coffee
TEA
DONUTS
BAGELS

My way to Deli

Hunger in New York. Zum ersten Mal in dieser Stadt und Lust auf ein leckeres Essen zur frühen Mittagszeit. Ab in ein gutes Lokal. Meine erschreckend mageren Sprachkenntnisse aus längst vergessenen Schulzeiten und ein hilfsbereiter, aber hilfloser Kellner machen den Restaurantbesuch zu einer kleinen Tour de Fiasko. Ich verstehe die dortigen gastronomischen Gepflogenheiten genau so wenig wie der Ober mein Englisch. Ergebnis: Ein Frühstück, das ich nicht will, ein Schinkentoast, den ich nicht bestellt zu haben glaube, und eine eventuell unklar georderte Muschelsuppe, die nicht kommt. Doch anstatt zu reklamieren und damit vermutlich die Verwirrung perfekt zu machen, ziehe ich es vor, diesem Lokal möglichst schnell zu entkommen und ähnliche auf weiteres zu meiden.

Nett und unkompliziert essen, ein wenig von der Küche New Yorks erleben, muss das so schwierig sein? Der Zufall führt mich in ein Deli. Einfacher geht's nicht. Ich kann sehen, was es gibt. Nehmen, was mir gefällt, und essen, was mir schmeckt. Keine Sprachbarriere, keine Hemmungen, keine Fragezeichen bei der Bestellung.

Delis zu entdecken gibt es jeden Tag aufs Neue: große und kleine, billige und etwas bessere. Neben den Delis sind da auch noch die Suppenküchen und die Sandwich-Bars. Eine Genusswelt direkt an der Straße. Ich fange früh an und höre erst nach Mitternacht auf. Genieße neben allem Essbaren auch die Atmosphäre, die unterschiedlichen Leute zu unterschiedlichen Zeiten, den Rhythmus einer nimmermüden Stadt zwischen Tomatensuppe und Truthahnsteak.

Faszinierend anders so manche Rezepte: bunt und zusammengewürfelt aus den verschiedenen Esskulturen dieser Welt. Cross-over-Küche heißt das auf Neudeutsch. New York kennt das schon lange. Seit Jahrhunderten kochen Einwanderer aus allen Himmelsrichtungen hier ihr gemeinsames Süppchen. Fast allen schmeckt's und die meisten bleiben. Mir schmeckt es auch, nur bleiben kann ich trotzdem nicht. Goodby New York, auf Wiedersehen Delis. Versprochen!

Inhalt

"TERRIFIC! A BIG, BRASH MUSICAL COMEDY CAPER!"
MATTHEW BRODERICK
SARAH JESSICA PARKER
IN
HOW TO SUCCEED IN BUSINESS
WITHOUT REALLY TRYING!
999

Teil II: Die Rezepte

Delis in New York

Everything goes! Das ist New York in zwei Worten. Und das ist auch die Philosophie der Küche dieser Stadt, die niemals schläft. Keine Hemmungen vor gar nichts. Kombinieren so bunt wie das dort lebende Völkergemisch. Globalisierung im Kochtopf und doch ganz typisch New York: die Suppenküchen auf den Bürgersteigen, die kleinen Verkaufskarren an jeder zweiten Straßenecke mit Hot Dogs, gebrannten Nüssen und Popcorn. Dazu Tausende von Delis, in denen meist bis nach Mitternacht alles zum Mitnehmen oder Gleichessen bereit steht.

Wo das Leben auf der Straße stattfindet, wo Shiatsu-Masseure auf den Bürgersteigen Sohos arbeiten und wo Taxis die mobilen Außenposten der eigenen Wohnung sind, da isst so mancher statt am heimischen Herd lieber in einfachen Selbstbedienungsläden, genannt Delis. Ohne steife Etikette, gestärkte Servietten und gesalzene Preise. Easy to go, easy to eat. Wer da an unsere Fast-food-Ketten denkt, liegt falsch. Burger, Wrings und Shakes gibt es hier zwar auch, doch in die Delis geht man wegen der Salate, hier duften Hähnchenschlegel oder Fischfrikadellen, locken leckere Sandwiches und heiße Suppen. Dazu kommen frisch geschnittene Melonenspalten, Weintrauben, Grapefruitschnitze und Fruchtsalate, Gurkenstücke, Tomatenscheiben und Gemüsespieße. So sieht Deli-Fast-food aus!

Was ist ein Deli?

Ein Deli ist eine Trattoria mit Pasta und Pizza, ist auch eine Seafood-Bar mit Krebsklößchen und Tunfischsteaks, ist auch ein Vegi-Zentrum mit Salattheke und Rohkostecke, ist aber genauso eine Fastfood-Fabrik mit Burgern und Hot Dog. Also, was bitte ist ein Deli?

2. Versuch

Was ist ein Deli?

Delis kommen manchmal daher wie die bei uns längst ausgestorbenen Tante-Emma-Läden mit Bonbons aus'm Glas und selbst eingelegten Sahneheringen. Nur dass in diesen Läden noch drei Tische stehen, an denen man ein Sandwich essen kann, einen Salat oder einfach alles, was gerade an der langen Theke angeboten wird und irgendwie zusammenpasst. Deli nennt sich aber auch der schicke Lebensmittelladen mit dem Selbstbedienungs-Imbiss. Alles frisch, alles fein, alles fashionable. Ähnelt ein bisschen den kleinen Häppchen- und Champagner-Schlürf-Bars der neuen Kaufpaläste in deutschen Großstädten. Also, was bitte genau ist denn nun ein Deli?

Essen mit Tablett. Wer Tabletts und Plastikgeschirr nicht mag, hat es schwer in einem Deli. Die unkomplizierte Ess-Art hat ihre modernen Schattenseiten: Becher, Schälchen, viel Plastikmüll und noch mehr Papierabfall. Gewisse Anklänge von Kantine und Mensa mögen da aufkommen, werden aber sofort wieder übertönt durch das große und gute Angebot. Theken mit einer oft kaum überschaubaren Anzahl an kalten und heißen Speisen überzeugen. Bei kleineren Delis ist zwar die Auswahl schmaler, dafür oft auch individueller. Außerdem nimmt man sich dort noch eher mal die Zeit, Sandwiches oder Wraps vor den Augen der hungrigen Kunden herzustellen. Zum Reinbeißen frisch.

3. Versuch

Was ist ein Deli?

Deli kommt von „Delikatessen". Was nicht heißen soll, dass Delis nun reine Delikatessen- und Schlemmer-Paradiese sind. Nicht alle können dem Gourmet-Anspruch genügen. Übersetzen wir Deli also vielleicht besser mit „daily": täglich. Jeden Tag für DICH da, eine ehrliche Einladung zum guten Essen von morgens bis in die Nacht. Ein Stück Heimat in New York für jeden, der gerne essen geht. Ein letzter Hort der einfachen Mahlzeit mitten im Alltag. Das ist ein Deli und für jeden Deli-Fan ist es sicher noch etwas anderes. Also, was genau ist ein Deli?

Ein Tag im Deli

Manhattan am Morgen. Nieselregen, neblig-kühl. Kleines Frühstücksangebot im Deli. Sehr europäisch mit Müslimischung, Haferflocken, Milch, Früchten. Sandwiches gibt es ohnehin, natürlich auch Bagels. Dazu viele Eilige, denn der Job ruft, und eigentlich geht's vor allem um den Kaffee. Der ist besser als sein Ruf. Nur an die Aromen von Haselnuss bis Vanille muss man sich gewöhnen. Aber es gibt ja auch den ganz normalen schwarzen. In den Pappbechern mit extra Henkel sogar zum Mitnehmen.

Wer Zeit hat, bleibt sitzen. Denn jetzt werden noch Sushis gerollt und das Fleisch aus der Marinade genommen. Salate kommen aus der Küche in die großen Bottiche der Deli-Theken und nach und nach füllen sich auch die Wärmeschalen mit allem, was möglichst heiß auf den Tisch soll.

Schlagartig turbulent wird's ab High noon. Die Büros machen Mittagspause. Anzüge drängen in die Delis. Kein Platz mehr frei. Es zieht. Gemütlich speisen geht jetzt nicht mehr. Und doch sind alle Delis voll. Manch einer füllt die braunen Tüten mit Salat und Steak, Suppe und Sandwich – gut verpackt in Plastikschälchen und Pappbechern –, zahlt und geht dann zurück in sein Büro.

Was ist ein Deli?

Genuss ohne Grenzen. Offen von früh bis (sehr) spät, alles immer wieder frisch gemacht, besucht von allen und jedem, keine Unterschiede, keine Reservierung, keine Einlasskontrolle, kein Platzanweiser, keine Angst vor Benimmregeln und den schiefen Blicken strenger Oberkellner. Come and enjoy yourself. Das ist Food for fun. Ist das ein Deli!?

Was ist ein Deli?

Gegenteil von Fast food à la McDonalds. Jedes Deli ist anders, hat sein eigenes Angebot, seine eigenen Spezialitäten und seine besondere Atmosphäre. Individualität statt Einheitsbrei. Gebrutzelt und gegart wird nicht hinter Trennwänden verborgen. Hier wird mir das Essen nicht in Papiertüten verhüllt und fast verschämt über den Tresen gereicht. Hier liegt es vor mir, offen und offenkundig. Ich sehe, was ich nehme. Sollte der Salat trocken, das Steak verbrannt oder die Nudeln lauwarm sein, gibt's nebenan gleich das nächste Deli, mit anderen Deli-Katessen. Vorbeischauen lohnt immer: Expedition Deli mitten in New York.

Delis sind Geschichte und Geschichten, Institution und Inspiration, Alltag und Abenteuer.

Niemand ist genervt. Ruhig werden die Salatschüsseln aus scheinbar immer vollen Vorräten wieder aufgefüllt. Ein Teller mit Spinatquiche und großem Salat fällt herunter mitten in den engen Gang zwischen den Deli-Theken. Scherben, Sauce, eine große Sauerei. Doch kein Geschrei und kein Gedränge, stattdessen ein netter Kellner mit nassem Lumpen und großer Langmut.

Cool down erst gegen Drei. Genügend Zeit endlich die supersüßen Kuchen und Cakes zu testen und noch mal einen der vielen Aromakaffees. Abends dann ein kleines Zwischenhoch, doch so richtig brummen will es in den Delis nicht mehr. Erst in den späteren Nachtstunden, wenn die Noch-Nicht-Nach-Hause-Geher von der Nacht noch was haben wollen, füllen sich ein paar Tische. Es bleibt ruhig und das Gefühl, mit einem Tag im Deli den Puls New Yorks gefühlt zu haben.

Mexiko

Mexiko bringt das Tex-Mex mit den Hülsenfrüchten und den scharfen Chilisaucen in die Delis. Von dort kommen die Süßkartoffeln, so manches Suppenrezept und natürlich das Chili con carne. Und Mexiko ist die Heimat von Tacos und Tortillas, Mais-Gemüse-Pfannen und der kalten Avocadosuppe. Außerdem gelangten via Mexiko die Steaks und das Barbecue bis nach Manhattan.

Vegetarier

Für sie sind Delis ideal: Salate ohne ein Fitzelchen Fleisch oder Fisch und dann auch noch das schnell gegarte Gemüse, pur oder als Gemüsemix. Dazu die Sandwiches, die keinesfalls nur mit Bacon angeboten werden. Und die man sich in guten Delis ohnehin ganz nach Wunsch kombinieren kann. Auch Rohkost ist dank Delis in Big Apple kein Problem: meterlang die Schalen mit aufgeschnittenen Melonenstücken, Ananasscheiben und Fruchtsalaten. Genauso beim Gemüse: rohe Tomaten-, Gurken- und Zucchinischeiben, unterschiedliche Salatblätter, mundgerecht in mittelgroße Stücke zerteilt. Dazu meist mehrere Saucen zur Auswahl.

Deutschland

Obgleich viele Deutsche in New York Arbeit und Heimat fanden, konnten sie mit ihrer Küche nicht überzeugen. Nur spärliche Spuren deutscher Einflüsse tummeln sich in den Deli-Kochtöpfen. Da gibt es schon mal einige Scheiben Sauerbraten und eine Warmhalteschüssel mit Rotkohl. Das zeigt immerhin, dass die deutschen Einwanderer von früher und die deutschen Touristen von heute nicht vollkommen spurlos an der New-York-Küche vorbeigegangen sind.

Genuss ohne

Mexiko meets Japan, Fleisch findet Früchte, Vegetarisches liegt in der langen Deli-Theke friedlich neben dem Lammsteak. Toleranz auf dem Teller ist angesagt, Völkerverständigung zwischen Vegetariern und

Italien

Die italienischen Einwanderer haben den New Yorkern die Liebe zum Gemüse nahe gebracht. Heute hat jedes Deli seine marinierten Gemüsestreifen, meist Paprika, auch Zucchini, Auberginen oder Champignons – wie direkt am Mittelmeer. Und natürlich sorgten die Italiener dafür, dass es überall auf den Straßen Pizza und Pasta gab. Welches Deli wollte heute darauf verzichten?

Fleischfans

Fleisch darf natürlich nicht fehlen, doch da es schnell trocken wird, findet es sich entweder in einer Marinade oder in dicken Saucen wieder. Oft entdeckt man es auch klein geschnitten als Geschnetzeltes oder in einem der vielen Salate. Achtung: Wer zu spät kommt, den bestraft eine fade, faserige, weil ausgetrocknete Fleischmasse. Doch die meisten Delis sorgen rechtzeitig für frischen Nachschub.

Grenzen!

Fleischfans, zwischen Nationen- und Cross-over-Küche. Alles ist möglich: vom kleinen Imbiss bis zum mehrgängigen Menü. Freie Wahl für jeden.

Fischfreunde

Ganz frisch, als Sushi sowieso, doch auch als Steak oder mit Gemüse im Salat – mit solchem Fisch macht man in den New Yorker Delis oft einen guten Fang. Besonders zu empfehlen: Crab Cakes (Seite 54). Sieht so aus, als wären unsere Fischstäbchen zu dicken, runden Scheiben mutiert. Doch sie schmecken viel besser. Kein Wunder: Sind sie doch aus Krabbenfleisch!

6

Jüdische Küche

Juden wurden über die Jahrhunderte von der Freiheit New Yorks angezogen und brachten viele Rezepte mit. Etliche davon aus dem Orient, einige aus Polen und anderen Ländern Osteuropas. Juden aus der gesamten Welt machten die New Yorker Küche noch grenzenloser als sie es ohnehin schon war. Mohnkuchen und Matzebällchen, Kichererbsen und Kreuzkümmel und nicht zu vergessen: die berühmten Fischklößchen, besser bekannt unter dem Namen „gefilte Fisch".

7

Asien

Nicht nur mit Saté-Spießen, Sushi, Curries und den ultradünnen Angle-Hair-Nudeln ist Asien einer der Hauptexporteure in Sachen Küchenkultur, der die New Yorker Delis zu dem macht, was sie sind: international. Auch die Hühnerbrühe als leckere Basis von Suppen und natürlich die nicht wegzudenkende Sojasauce, die sich in vielen Marinaden wiederfindet, brachten die Ostasiaten mit in die neue (Küchen)Welt. Außerdem ähneln die Hot-dog-Wägen, die überall in Manhattan stehen, ziemlich den Nudelsuppenverkäufern in den Straßen Asiens mit ihren mobilen Garküchen auf zwei Rädern.

8

Süßmäuler

Sie kommen in manchen Delis etwas zu kurz. Denn Desserts sind nicht die Stärke der Delis. Cremespeisen mit rohen Eiern und damit einhergehendem Salmonellenrisiko, das trauen sich die sicherheitsbewussten Amerikaner nicht. Aber an der Deli-Kasse locken fast immer kleine Kuchen, die sich lohnen! Außerdem sind die Delis für ihre figurfreundliche Alternative zu Schokocremes und Tiramisu bekannt: leckere Fruchtsalate aus allem, was der Obstkorb hergibt.

9

New York Spezial

Selbst der New Yorker Käsekuchen und das Reuben Sandwich sind nur gute Plagiate längst bekannter Rezepturen. Gibt's denn in den New Yorker Straßenküchen nichts, das behaupten kann, ein Eingeborener dieser Stadt zu sein? Doch: Manhattan Clam Chowder! Zwar eine Muschelsuppe bretonischer Seeleute, doch die hätten nie die Idee noch den Mut gehabt, in ihre Suppe Tomaten zu geben und ihr damit einen total neuen Geschmack zu verpassen. Solch schräge Mischungen probieren New Yorker aus – und das mit Erfolg.

10

Saucen und Marinaden

Gehören einfach zum Deli dazu, sind wichtig fürs Aroma und damit nichts austrocknet.

Ketschup

Mag jeder – wenn er ehrlich ist. Und fehlt daher auch in keinem Deli. Die rote Flasche gehört zur Grundausstattung wie der Salzstreuer. Und passt zu fast allem. Seit bekannt ist, dass im Ketschup Stoffe stecken, die vor Krebs schützen, wagen auch Gesundheitsfanatiker mal eine Kostprobe der roten Würzsauce und lassen sich nicht mehr durch das schlechte Image dieses Fastfood-Klassikers abschrecken.

Tahin

Diese dicke Sesampaste ist eine gute Basis für Saucen. Tahin macht man aus 150 g Sesamsamen, die in einer Pfanne geröstet und dann mit einigen Esslöffeln Sesamöl püriert werden. Die Paste hält sich allerdings nur im Kühlschrank. Tahin, mit ein wenig Zitronensaft, Knoblauch und etwas Salz gewürzt, passt besonders gut zu vielen asiatischen Deli-Gerichten.

Teriyaki

Stammt wie viele Saucen aus Ostasien und enthält daher auch Sojasauce. Dazu die gleiche Menge Sherry, etwas Zucker, reichlich Knoblauch und etwas Ingwer, leicht pfeffern – fertig ist eine der zahlreichen Varianten der Teriyaki-Sauce. Darin kann man Geflügel gut ziehen lassen. Aber warum nicht auch ein Schweineschnitzel oder ein Hüftsteak darin einlegen?

BBQ-Sauce

Barbecue-Saucen gibt es viele, auch schon fix und fertig. Nie fehlt die Säure des Essigs, noch die Süße des Zuckers oder Honigs. Oft kommt Cayennepfeffer dazu. Für eine typische BBQ-Sauce werden 500 g Tomatenpüree, 1/4 l Essig, 2 durchgepresste Knoblauchzehen, 1/2 TL Cayennepfeffer, 100 g Honig und etwas Salz eingekocht.

Pesto
Der grüne Gruß vom Mittelmeer wird auch in New York gerne gegessen. 1 Bund Basilikum mit 1 durchgepressten Knoblauchzehe, 1 EL Pinienkernen und 2 EL geriebenem Parmesan pürieren. Dazu Olivenöl in feinem Strahl gießen, bis sich alles in eine glatte Sauce verwandelt. Unbedingt testen!

Yerk-Sauce
Ultrascharf gebraut – vor allem aus Zwiebeln, Chili und Ingwer, mit Weinessig und Sojasauce. Die Yerk-Sauce wird auf Spareribs oder auf Hähnchen (oder alles, was ihr unterkommt) gestrichen. Langsames Garen auf dem Grill ist am besten, dann hat die Sauce genug Zeit, ins Fleisch einzudringen.

Erdnusssauce
Sie wird zu Geflügel, Nudeln und gebratenen Kartoffeln gegessen und sie steckt im Salatdressing. Die Sauce ist schnell selbst gemacht: 100 g Erdnüsse oder Erdnussbutter mit je 1 TL Erdnussöl, Sojasauce und Zucker pürieren. Etwas Ingwer und Cayennepfeffer bringen den Geschmack. Unter diese Paste püriert man 100 ml Geflügelbrühe, will man eine dünnflüssige Sauce erhalten.

Sojasauce
Das Salz Ostasiens hat sich mit den Einwanderern auch in die New Yorker Küche eingekocht. Viele Saucen und Marinaden könnten ohne Sojasauce nicht bestehen. Fleisch legt man gerne in eine Sojasaucen-Mischung ein. Hierbei lässt sich die Sauce gut mit fruchtigen und scharfen Zutaten mischen. Vorsicht allerdings mit dem Salz. Sojasauce enthält selbst viel davon, da ist nachsalzen kaum noch nötig!

Tandoori
Tandoori ist der Name einer indischen Gewürzmischung, die z. B. aus Kurkuma, Paprika, Cumin, Kardamom, Knoblauch, Pfeffer, Koriander, Chili, Safran, Muskatnuss, Zimt und Nelken bestehen kann. Erst mit Jogurt gemischt entsteht daraus die Marinade, in der Fleisch schön zart wird, Aroma annimmt und einen Hauch Asien erhält.

Senf
Der typisch amerikanische ist der helle, milde Senf. Er steht im Deli oft mit dem Ketschup im gemeinsamen Gewürzgestell brüderlich zusammen. Doch ob sich beide geschmacklich immer so gut verstehen, hängt ganz davon ab, wozu sie gegessen werden. Bei BBQ, Hot dog oder Burger vertragen sie sich nicht überall. Wie Brüder eben sind!

Breakfast & Sandwiches

Delis sind das Paradies für Morgenmuffel. Kaum was los. Man sieht verschlafen auf die ersten Passanten und erlebt das eigene Wachwerden. Vor einem der zweite Kaffee, ein Muffin und der neue Tag. Schlaf weicht aus den Gliedern, doch die Träume bleiben noch ein Weilchen.

Und wenn keine Zeit ist für eine traumverschlafene Morgenstunde? Dann schnell ein bunt belegtes Bagel oder ein ebensolches Sandwich in den Mund geschoben. Busy breakfast for a beautyful day.

Bagels

FÜR 12 BAGELS: 1/4 l heiße Milch, 50 g Butter, 2 EL Zucker verrühren und abkühlen lassen. Dann 400 g Mehl mit der gut abgekühlten Milch verrühren. 1/2 Würfel Hefe hineinbröckeln. 1 Ei trennen, Eiweiß mit dem Teig verkneten und 1 Stunde abgedeckt an einem warmen Ort gehen lassen.

Teig in 12 Portionen teilen, jeweils Kugeln formen, mit dem Finger ein Loch hineindrücken und auf einer leicht bemehlten Fläche 20 Minuten gehen lassen. Den Backofen auf 200 °C vorheizen.

Bagels in kochendes Wasser tauchen, abtropfen lassen und auf ein mit Backpapier belegtes Blech legen. Eigelb mit wenig Wasser verquirlen, Bagels damit bestreichen und mit Mohn, Sesam oder Salz bestreuen. Im Ofen (Mitte!) 30 Minuten backen.

Jogurt Muffins

FÜR 12 MUFFINS: Den Backofen auf 200 °C vorheizen. 250 g Mehl mit 1 TL Backpulver, 100 g Zucker, etwas Zimt und Salz vermischen.

70 g weiche Butter mit 1 Ei schaumig schlagen, 100 g Naturjogurt und 60 ml Milch zugeben. Die Mehlmischung nach und nach unterrühren und alles zu einem dickflüssigen Teig verarbeiten.

Muffinförmchen mit Butter ausstreichen, mit Mehl bestäuben und zu drei Vierteln mit dem Teig füllen. Im Ofen (Mitte!) etwa 45 Minuten backen.

Donuts

FÜR 30 DONUTS: 450 g Mehl, 1/4 l Milch, 1/2 TL Salz, 1/2 TL Zimtpulver, 1/4 TL frisch geriebene Muskatnuss und 4 EL Backpulver verrühren. 3 EL weiche Butter, 250 g Zucker plus 2 Eier schaumig schlagen und unter den Teig geben. Teig auf einer bemehlten Arbeitsfläche fingerdick ausrollen. Mit einem großen Glas große Kreise und aus diesen Kreisen mit einem ganz kleinen Glas Löcher ausstechen. Den Teigringen 30 Minuten Ruhe gönnen.

Reichlich Frittierfett erhitzen (am eingetauchten Holzstiel müssen Blasen aufsteigen) und Donuts darin goldgelb frittieren. (Sind sie aufgestiegen, dürfen sie noch gute 3 Minuten drin bleiben.) Auf Küchenpapier abtropfen lassen.

Von früh bis spät

das

Erste

Beste

Buttermilk Biscuits
Nicht nur für Milchbubis

FÜR 12 BISCUITS: 600 g Mehl • 1 Päckchen Backpulver • 1 TL Salz • 2 TL Zucker • 80 g weiche Butter • 2 Eier • 300 ml Buttermilch • 1 Eigelb

Zeit: 10 Minuten + 30 Minuten Backen • Kalorien pro Biscuit: 245

1 Den Backofen schon mal auf 200 °C vorheizen. Das Mehl mit Backpulver, Salz und Zucker mischen. Mit Butter in kleinen Flöckchen, den ganzen Eiern und 250 ml Buttermilch schnell zu einem Teig verkneten.

2 Den Teig zu einer etwa 2 cm dicken Rolle formen und in 12 Stücke teilen. Ein Backblech mit Backpapier auslegen und die Teigstücke so darauf legen, dass sie sich nicht berühren.

3 Damit sie später schön glänzen, bestreicht man die Buttermilchbrötchen. Also Eigelb mit restlicher Buttermilch verschlagen, zum Backpinsel greifen und rauf mit der Eiermilch auf die Teigstücke. Dann die Biscuits im Ofen (Mitte!) etwa 30 Minuten backen, bis sie goldbraun sind.

Banana Pancakes
Morgenmuffels Muntermacher

FÜR VIER: 5 reife Bananen • 250 g Mehl • 1 Päckchen Backpulver • 6 Eier • 70 g weiche Butter • 1/2 l Milch • 1/2 TL Zimtpulver • 150 g Naturjogurt • 2 EL Honig • 2 EL Erdnussbutter • etwa 8 EL Öl (was gerade da ist, aber geschmacklich nicht zu intensiv)

Zeit: 25 Minuten + 20 Minuten Quellen • Kalorien pro Portion: 915

1 Für den Teig 3 Bananen schälen, klein schneiden und mit dem Stabmixer pürieren. Dann mit Mehl, Backpulver, Eiern, Butter, Milch und Zimt verrühren. Den Teig 20 Minuten quellen lassen.

2 Für die Creme die übrigen Bananen auch schälen und klein schneiden. Nun aber mit dem Jogurt, dem Honig und der Erdnussbutter mit dem Stabmixer pürieren.

3 Das Öl in einer Pfanne – am besten in einer antihaft-beschichteten – erhitzen und darin aus dem Teig acht Pfannkuchen ausbacken. Pfannkuchen auf Teller geben, die Creme darüber verteilen und gleich servieren. Noch warm schmecken die Pancakes nämlich am allerbesten.

before you go-go

Apple Pecan Muffins
Big-Apple-Frühstück

FÜR 24 MUFFINS: 1/2 l Buttermilch • 2 EL weiche Butter • 2 Eier • 400 g Mehl • 200 g Haferflocken • 220 g Zucker • 1 Päckchen Backpulver • 4 Äpfel • 200 g Pecan-Nüsse • 1 TL Zimtpulver • ein bisschen Olivenöl

Zeit: 25 Minuten + 25 Minuten Backen • Kalorien pro Muffin: 210

1 Den Backofen auf 220 °C vorheizen. Die Buttermilch mit der Butter und den Eiern verrühren. Mehl, Haferflocken, 200 g Zucker und das Backpulver untermengen.

2 Die Äpfel waschen, halbieren, vom Kerngehäuse befreien und grob raspeln. Die Pecannüsse grob hacken und mit den geriebenen Äpfeln unter den Teig rühren. Mit Zimt würzen.

3 Die Muffinformen mit ein bisschen Öl ausstreichen und zu drei Vierteln mit dem Teig befüllen. Den übrigen Zucker darüber streuen. Im Ofen (Mitte!) etwa 25 Minuten backen. Nach dem Backen die Muffins sofort aus den Formen nehmen.

AUCH NICHT SCHLECHT: Deko-Spezialisten können Pecannusshälften mit karamellisiertem Zucker überziehen und auf die Muffins setzen. Und wer keine Pecannüsse bekommt, nimmt Walnüsse.

Cranberry Muffins
Statt Vitamintablette

FÜR 16 MUFFINS: 250 g Mehl • 150 g Zucker • 1 Päckchen Backpulver • Salz • 2 EL weiche Butter • 1 Ei • 1 unbehandelte Orange • 400 g Cranberries (wer sie nicht kriegt, nimmt Preiselbeeren) • ein bisschen Öl (was gerade da ist, aber geschmacklich nicht zu intensiv)

Zeit: 20 Minuten + 30 Minuten Backen • Kalorien pro Muffin: 165

1 Den Backofen auf 200 °C vorheizen. Das Mehl mit Zucker, Backpulver, Salz, Butter und dem Ei rasch zu einem Teig verrühren.

2 Die Orange waschen, dann dünne Schalenstreifen abschneiden und fein hacken. Den Saft der Orange auspressen. Über die Cranberries mit dem Messer grob drüberhacken. Orangenschale und -saft mit den gehackten Cranberries unter den Teig mischen.

3 Die Muffinformen mit dem Öl einfetten und den Teig zu etwa drei Vierteln einfüllen. Im Ofen (Mitte!) etwa 30 Minuten backen. Anschließend die Muffins aus den Formen stürzen.

NYSE

Pork Piccata Sandwich

Schwein gehabt

FÜR VIER:
1 Schalotte, 1 Bund Petersilie
4 Zweige Basilikum
1 EL Kapern
1 EL Sherryessig, 5 EL Olivenöl
Salz, Pfeffer aus der Mühle
100 g Mehl
100 ml Milch, 1 Ei
200 g Semmelbrösel, 50 g geriebener Parmesan
300 g Schweinelende
1 EL Butter
4 Hamburger-Brötchen
8 Blätter Eisbergsalat
1 Zwiebel

Zeit: 25 Minuten • Kalorien pro Portion: 780

1 Die Schalotte schälen und klein schneiden. Die Petersilie abbrausen, trockenschütteln und die Blätter hacken. Die Basilikumblätter von den Zweigen zupfen und ebenfalls hacken. Die Hälfte der Petersilie mit der Schalotte, den Kapern, Essig und 4 EL Olivenöl verrühren. Mit Salz und Pfeffer würzen.

2 Das Mehl mit etwas Salz und Pfeffer mischen und in einen tiefen Teller geben. In einem zweiten tiefen Teller die Milch mit dem Ei verschlagen. Übrige Petersilie und das Basilikum mit den Semmelbröseln und dem Parmesan vermengen und in einen dritten tiefen Teller geben.

3 Die Schweinelende in 8 dünne Scheiben schneiden und jede Scheibe erst im Mehl, dann in der Eiermilch und schließlich in der Brösel-Kräuter-Mischung wenden. Kurz abklopfen und im restlichen heißen Olivenöl und der Butter in einer beschichteten Pfanne goldgelb ausbraten.

4 Die Hamburger-Brötchen quer aufschneiden und toasten. Die Salatblätter waschen und trockenschleudern. Zwiebel schälen und in feine Ringe schneiden. Auf jede untere Brötchenhälfte je 2 Salatblätter geben, mit Schweinefleisch und Zwiebelringen belegen und mit etwas Kapernsauce beträufeln. Dann mit der oberen Brötchenhälfte abdecken.

BLT Sandwich
B = bacon, L = lettuce, T = tomatoes

FÜR VIER: 12 Scheiben Frühstücksspeck (bacon) • 4 Blätter Kopfsalat (lettuce) • 2 Tomaten (tomatoes) • 8 Scheiben Sandwichbrot • 2 EL Mayonnaise • 2 EL Butter

Zeit: 15 Minuten • Kalorien pro Portion: 835

1 Den Speck in einer Pfanne ohne Fett knusprig braten und anschließend auf Küchenpapier entfetten. Die Salatblätter waschen und trockenschleudern. Die Tomaten waschen und in Scheiben schneiden, dabei den Stielansatz wegschneiden.

2 Das Sandwichbrot entrinden und 4 Scheiben mit der Mayo bestreichen und darauf je 1 Salatblatt legen. Die Tomatenscheiben auf dem Salat verteilen, darauf kommen je 3 Scheiben Speck. Restliche Brotscheiben mit Butter bestreichen und die Sandwiches damit abdecken. Sandwiches leicht zusammendrücken, diagonal durchschneiden und genüsslich verspeisen.

BBQ Chicken Sandwich
Geht auch ohne Grill

FÜR VIER: 400 g Hähnchenbrustfilet • 2 EL Öl (was gerade da ist, aber geschmacklich nicht zu intensiv) • 8 TL Barbecue-Sauce • 4 Brötchen nach Wahl • 1 Tomate • 4 Blätter Romana-Salat • 100 g Bergkäse

Zeit: 15 Minuten • Kalorien pro Portion: 350

1 Das Filet in der Pfanne im heißen Öl von beiden Seiten je etwa 3 Minuten braten. Dann klein schneiden und mit der Barbecue-Sauce gut vermengen. Die Brötchen quer aufschneiden. Tomate waschen und in Scheiben schneiden, dabei den Stielansatz wegschneiden. Die Salatblätter waschen und trockenschleudern.

2 Je 1 Salatblatt auf die unteren Brötchenhälften geben. Das BBQ-Hähnchen auf den Salatblättern verteilen und mit den Tomatenscheiben belegen. Den Käse reiben, auf die Tomaten geben und mit den oberen Brötchenhälften bedecken.

AUCH NICHT SCHLECHT: Statt der fertigen Barbecue-Sauce eine selbst gemachte nehmen. Und wie die geht, steht auf Seite 12. Einfach mal ausprobieren!

was Feines

zwischendrin

Diner Burger

Klassiker zum Selbermachen

FÜR VIER:
700 g Rinderhackfleisch
Salz, Pfeffer aus der Mühle
2 EL Rapsöl
4 Scheiben Gouda
4 Hamburger-Brötchen (man kann natürlich auch andere nehmen, je nach Geschmack und Ernährungs-Philosophie können es sogar vollkörnige Brötchen oder Laugensemmeln sein)
4 Blätter Romana-Salat
2 Tomaten
2 kleine rote Zwiebeln
Ketschup, Senf und Mayonnaise – Menge und Sorte ganz nach Geschmack

Zeit: 15 Minuten • Kalorien pro Portion: 780

1 Das Rinderhackfleisch mit Salz und Pfeffer kräftig würzen und in vier Portionen teilen. Jede Portion einzeln in den Händen kurz zu dickeren Küchlein formen. Die Küchlein in einer heißen Pfanne in möglichst wenig Öl von jeder Seite etwa 4 Minuten braten. Dabei auf keinen Fall den Saft aus dem Fleisch drücken, sonst wird es schnell trocken. Nach dem Wenden die Goudascheiben darauf legen und leicht schmelzen lassen.

2 Die Hamburger-Brötchen quer durchschneiden und im Toaster kurz bräunen. Die Salatblätter waschen und trockenschleudern. Tomaten waschen und in Scheiben schneiden, dabei den Stielansatz wegschneiden. Die Zwiebeln schälen und in dünne Ringe schneiden.

3 Auf die jeweils untere Hälfte der getoasteten Brötchen je 1 Salatblatt, mehrere Tomatenscheiben und Zwiebelringe legen und mit dem Fleischküchlein belegen. Darauf – wie gesagt je nach Geschmack – etwas Ketschup, Senf oder auch Mayo geben und mit der oberen Brötchenhälfte bedecken.

Bohnen-Paprika-Wraps
Verpackung ist fast alles

FÜR VIER: 200 g grüne Bohnen • Salz • je 1 gelbe und rote Paprikaschote • 10 entsteinte schwarze Oliven • 1 rote Zwiebel • 100 g Feta-Käse • 4 Tortillas (am besten Spinattortillas) • 1 Zitrone • 1 EL mittelscharfer Senf • 1/4 TL Selleriesalz (oder auch ganz normales) • Pfeffer aus der Mühle • 1 EL Olivenöl

Zeit: 30 Minuten • Kalorien pro Portion: 330

1 Bohnen waschen, putzen, in Salzwasser in 10 Minuten bissfest kochen und sofort in Eiswasser abkühlen lassen. Dann in kleine Stücke schneiden. Die Paprikaschoten durchschneiden, Kerne und weiße Trennhäute entfernen, waschen. Die Paprika in feine Streifen schneiden. Die Oliven klein schneiden. Die Zwiebel schälen und ebenfalls klein schneiden. Und den Feta-Käse – wie sollte es anders sein – auch klein schneiden.

2 Die Tortillas nach Packungsaufschrift im Backofen erhitzen. Zitrone auspressen, den Saft mit Senf, Selleriesalz, Pfeffer und Olivenöl verrühren. Gemüsestückchen und Feta untermengen.

3 Die Gemüse-Feta-Mischung auf den Tortillas verteilen. Tortillas aufrollen, fertig.

Wrapcheros
¡Excelente!

FÜR VIER: 1 Dose Kidneybohnen (400 g) • 200 ml Salsa-Sauce (wenn man keine findet, nimmt man die BBQ-Sauce von Seite 12) • 4 Zweige Koriander • 2 TL getrockneter Oregano • 2 TL Chilipulver • 2 TL Cumin (Kreuzkümmelpulver) • 2 TL Zimtpulver • 200 g Räucherkäse • 4 Tortillas • 2 TL Olivenöl • 4 Eier • Salz

Zeit: 30 Minuten • Kalorien pro Portion: 710

1 Kidneybohnen in einem Sieb abtropfen lassen und mit der Salsa-Sauce vermengen. Koriander abbrausen, trockenschütteln, Blätter hacken. Mit Oregano, Chilipulver, Cumin und Zimtpulver unter die Bohnen rühren.

2 Den Räucherkäse in Würfel schneiden und auf die Tortillas geben. Diese dann nach Packungsaufschrift im Backofen erhitzen. Das Öl in einer Pfanne erhitzen, die Eier darin aufschlagen, salzen und die Eimasse mit einer Gabel langsam zu Rührei verarbeiten.

3 Die Bohnenmasse und das Rührei mischen und auf den Tortillas verteilen. Tortillas aufrollen, reinbeißen.

richtig gewickelt

gut gewrapt

Salads & Soups

Knackig-frisch und samtig-warm: die gute Mischung aus Salat und Suppe – cool and hot. Schnell und überall zu kriegen. Ergeben zusammen eine volle Mahlzeit und jedes für sich einen wunderbaren Magenfüller.

Auf alle Fälle etwas für Leckermäuler mit viel kreativer Phantasie. Experimentieren ist angesagt! Denn Suppen lassen sich genau so variantenreich verändern wie Salate.

Übrigens: Warme Suppen sind Futter für einsame (Großstadt)Seelen und Salate Energiepakete für Stressgeplagte. Kein Wunder, warum sie nicht nur in New York everybodys darling sind.

Ginger Carrot Soup

FÜR VIER: 2 Schalotten, 3 große Möhren, 150 g Knollensellerie und 1 daumengroßes Stück frischen Ingwer schälen und sehr klein schneiden. 1 EL Olivenöl erhitzen und das Gemüse darin kurz, aber kräftig dünsten. Dann unter großer Dampfentwicklung mit 1 l Gemüsebrühe ablöschen. Das Gemüse bei geringer Hitze etwa 45 Minuten köcheln lassen. Anschließend mit einem Stabmixer in eine Creme verwandeln, mit 100 g Crème fraîche anreichern und mit Salz, Pfeffer aus der Mühle und Korianderpulver gut würzen.

2 Frühlingszwiebeln waschen, putzen und fein schneiden und mit 50 g Crème fraîche auf vier tiefe, am besten noch vorgewärmte Teller geben und die Suppe darüber füllen. Etwas Pfeffer darüber mahlen und fertig ist die Suppe!

Manhattan Clam Chowder

FÜR VIER: 200 g Muschelfleisch (aus dem Glas) abtropfen lassen, den Sud auffangen. 100 g Speck würfeln, in einer Pfanne auslassen. 1 Stange Sellerie putzen, 1 Zwiebel und 1 Möhre schälen, alles klein schneiden, im Fett dünsten. 2 rote Kartoffeln schälen, würfeln und 10 Minuten mitdünsten. 600 g Tomaten kurz in kochendes Wasser geben, häuten, vierteln und zugeben. 2 Gläser Fischfond (800 ml), Muschelsud und etwas Wasser (es sollte 1 l Flüssigkeit ergeben) aufgießen und aufkochen lassen. 1/2 Bund Thymian abbrausen, trockenschütteln, Blätter von den Zweigen streifen und mit den Muscheln zugeben. Bei geringer Hitze noch gute 15 Minuten ziehen lassen. Die Hälfte der Suppe pürieren und zur anderen Hälfte geben.

Tomato Bisque

FÜR VIER: 400 g Tomaten kreuzweise einschneiden, in kochend heißes Wasser geben, bis sich die Haut löst, und häuten. Dann die Tomaten klein schneiden. 1 Zwiebel und 1 Knoblauchzehe schälen und klein schneiden und in 1 EL Olivenöl glasig dünsten. Die Tomatenstücke und 1 Lorbeerblatt zugeben und mit 800 ml Tomatensaft ablöschen. Etwa 20 Minuten bei geringer Hitze köcheln lassen, gelegentlich umrühren.

Das Lorbeerblatt herausnehmen und die Suppe mit 100 g Schmand pürieren und mit Salz und Pfeffer aus der Mühle abschmecken. Eventuell nochmals erhitzen, aber nicht mehr kochen lassen.

Völlig heiß auf Suppe

Suppen
Kult
Küche

Black Bean Soup

Nichts für Hektische

FÜR VIER:
150 g schwarze Bohnen, 1 Gemüsezwiebel
200 g Knollensellerie
4 Knoblauchzehen, 4 EL Olivenöl
1 TL Cumin (Kreuzkümmelpulver), 1/2 TL Kardamompulver
2 Lorbeerblätter
150 ml trockener Weißwein, 800 ml Gemüsebrühe
1/4 TL scharfes Paprikapulver
Salz, Pfeffer aus der Mühle
Weißweinessig zum Würzen nach Geschmack
4 Kirschtomaten
1 Bund Petersilie oder Koriander

Zeit: 20 Minuten + 12 Stunden Einweichen + 2–3 Stunden Garen • Kalorien pro Portion: 200

1 Bohnen in ein Sieb geben, waschen und mindestens für 12 Stunden (am besten über Nacht) in reichlich Wasser einweichen. Am nächsten Tag das Einweichwasser wegschütten und die Bohnen in frischem Wasser aufkochen und bei geringer Hitze für 1 Stunde gar ziehen lassen.

2 Die Gemüsezwiebel, das Stück Sellerie und die Knoblauchzehen schälen und sehr fein schneiden. Das Olivenöl in einem großen Topf erhitzen, Cumin und Kardamom darin leicht rösten, aber nicht anbrennen lassen. Zwiebel, Sellerie, Knoblauch und die Lorbeerblätter etwa 5 Minuten mitdünsten. Mit dem Wein und der Brühe ablöschen. Die Bohnen in einem Sieb abtropfen lassen, mit in den Topf geben und alles noch mindestens 1 Stunde (besser 2 Stunden) sanft garen lassen. Zwischendurch die Suppe umrühren. Wenn die Suppe zu dick werden sollte, eventuell noch etwas Wasser zugeben.

3 Die Lorbeerblätter wieder aus der Suppe fischen und dieselbe mit Paprikapulver, Salz, Pfeffer und Weißweinessig kräftig würzen. Je nachdem, wie cremig man die Suppe mag, püriert man davon entweder nur ein Drittel, die Hälfte oder sogar drei Viertel und gibt das Püree zur restlichen Suppe hinzu. Vielleicht muss jetzt noch etwas Wasser oder Brühe hinein, falls die Suppe zu dickflüssig wurde.

4 Dann die Suppe nochmals kurz aufkochen, nochmals abschmecken und jetzt darf sie endlich auf den Tisch. Halt, noch nicht ganz: Vor dem Servieren noch schnell die Kirschtomaten waschen und vierteln. Die Petersilie oder den Koriander abbrausen, trockenschütteln und die Blätter von den Zweigen zupfen. Die Bohnensuppe in Teller, Schalen oder auch Gläser füllen und darüber die Tomaten und die Kräuter geben.

Potato Leek Soup
Typische Leib- und Lieblingssuppe

FÜR VIER: 4–5 mehlig kochende Kartoffeln • 4 Stangen Lauch • 800 ml Gemüsebrühe • Salz • Pfeffer aus der Mühle • 4 TL Crème fraîche • 1 Bund Schnittlauch

Zeit: 10 Minuten + 40 Minuten Garen • Kalorien pro Portion: 130

1 Die Kartoffeln schälen und klein schneiden. Vom Lauch die Wurzelenden und die dunkelgrünen, oberen Teile abschneiden. Den Rest längs aufschneiden, unter fließendem Wasser zwischen den Blättern reinigen und in schmale Ringe schneiden. Das klein geschnittene Gemüse 40 Minuten in der Brühe garen.

2 Die Suppe mit dem Stabmixer pürieren und mit Salz und Pfeffer würzen. Die Crème fraîche unterrühren. Den Schnittlauch abbrausen, trockenschütteln und mit einer Schere direkt in die Suppe hineinschneiden. Und jetzt die Potato Leek Soup servieren!

Roasted Butternut Squash Soup
Zum Gerne-Auslöffeln

FÜR VIER: 1 kg Kürbis (am besten Butternut-Kürbis) • 1 Zwiebel • 2 EL Olivenöl • 2 Lorbeerblätter • 2 EL Zucker • 1/2 l Geflügelbrühe • 1 walnussgroßes Stück frischer Ingwer • 3 EL Mango-Chutney • 1/2 TL Zimtpulver • etwas frisch geriebene Muskatnuss • ein wenig Pimentpulver • Salz • 150 g Sahne

Zeit: 30 Minuten + 20 Minuten Kochen • Kalorien pro Portion: 265

1 Den Kürbis schälen und die Kerne entfernen, das Kürbisfleisch klein schneiden. Die Zwiebel schälen und ebenfalls klein schneiden. Die Zwiebel im heißen Öl glasig dünsten, das Kürbisfleisch, die Lorbeerblätter und den Zucker zugeben. Den Zucker kurz karamellisieren lassen. Mit der Geflügelbrühe ablöschen.

2 Den Ingwer schälen, in feine Streifen schneiden und mit dem Mango-Chutney zur Suppe geben. Die Suppe etwa 20 Minuten kochen lassen, bis das Kürbisfleisch butterweich ist. Die Lorbeerblätter herausnehmen und die Suppe pürieren. Mit Zimt, Muskat, Piment und Salz würzen. Die Sahne steif schlagen und entweder fix unter die Suppe rühren und diese servieren. Oder die Suppe in Schälchen verteilen, die steif geschlagene Sahne als Klecks in die Mitte setzen und dann präsentieren.

Red Lentil Soup

Linseneintopf à la NY

FÜR VIER:
150 g rote Linsen
1 Möhre, 1 rote Zwiebel, 2 Stangen Sellerie mit Grün
1 kleine Stange Lauch
2 EL Olivenöl
1 mehlig kochende Kartoffel, 3 Tomaten
2–3 Zweige Thymian
1/4 TL Cumin (Kreuzkümmelpulver), 1/4 TL Cayennepfeffer
100 g Polnische Wurst
Salz

Zeit: 30 Minuten + 5 Stunden Einweichen • Kalorien pro Portion: 300

1 Die Linsen etwa 5 Stunden in kaltem Wasser einweichen. Dann die Möhre und die Zwiebel schälen und klein schneiden. Den Sellerie waschen, putzen und das Grün abschneiden und beiseite legen. Die Stangen ebenfalls klein schneiden. Vom Lauch das Wurzelende und die dunkelgrünen, oberen Teile abschneiden. Restlichen Lauch längs aufschneiden und unter fließendem Wasser den Sand zwischen den Blättern gründlich herausspülen. Den Lauch in feine Ringe schneiden. Sämtliches klein geschnittene Gemüse in einem großen Topf im heißen Olivenöl etwa 10 Minuten bei mittlerer Hitze dünsten.

2 Kartoffel schälen und in kleine Würfel schneiden. Tomaten kreuzweise einschneiden und etwa 30 Sekunden in kochendes Wasser geben, bis sich die Haut löst. Die Tomaten mit kaltem Wasser abschrecken und die Haut abziehen. Die Tomaten klein schneiden.

3 Die Linsen in einem Sieb abtropfen lassen und mit den Tomaten und den Kartoffeln in den Topf geben. Mit 1,2 l Wasser auffüllen und alles etwa 10 Minuten garen lassen. Thymian abbrausen, trockenschütteln und die Blätter von den Zweigen zupfen. Die Suppe mit Thymian, Cumin und Cayennepfeffer kräftig würzen.

4 Die Wurst in Scheiben schneiden und in einer Pfanne ohne Fett kurz anbraten. Die Gemüsesuppe mit einem Stabmixer grob pürieren, es sollten noch einzelne Gemüsestücke zurückbleiben. Die Wurst zur Suppe geben, kurz erhitzen und eventuell noch mit ein wenig Salz würzen. (Wem die Suppe zu cremig ist, gibt noch etwas Wasser hinzu und kocht sie nochmals auf.) Red Lentil Soup auf tiefe Teller oder Schalen verteilen und mit dem beiseite gelegten Selleriegrün garnieren.

Salat mit Tandoori Chicken

Hähnchen im Grünen

FÜR VIER:
2 Knoblauchzehen, 1 walnussgroßes Stück frischer Ingwer
Saft von 1 Zitrone
1 TL Cumin (Kreuzkümmelpulver)
1/2 TL Chilipulver, 1 TL mildes Paprikapulver
100 g Naturjogurt
400 g Hähnchenbrustfilet
7 EL Olivenöl
1 kleiner Radicchio, 50 g Rucola, 50 g Feldsalat
2 Tomaten
1/2 Salatgurke, 2 EL Weißweinessig
Salz, Pfeffer aus der Mühle

Zeit: 20 Minuten + 5 Stunden Marinieren • Kalorien pro Portion: 305

1 Den Knoblauch und den Ingwer schälen. Knoblauch durch die Presse drücken, Ingwer hacken. Beides mit Zitronensaft, Cumin, Chilipulver, Paprikapulver und dem Jogurt zu einer Tandoori-Marinade verrühren. Das Hähnchenbrustfilet mit einer Gabel mehrmals einstechen und 5 Stunden in die Tandoori-Marinade einlegen.

2 Den Backofen auf 250 °C vorheizen. 3 EL Öl in einem Bräter erhitzen. Das Filet aus der Marinade nehmen, etwas abtupfen und im heißen Öl kurz anbraten. Dann im Ofen (Mitte!) knapp 10 Minuten garen.

3 Den Strunk des Radicchio keilförmig rausschneiden, die Blätter ablösen, ein wenig kleiner machen, waschen und trockenschleudern. Rucola und Feldsalat verlesen, waschen, trockenschleudern und putzen. Die Tomaten waschen und in schmale Spalten schneiden, dabei den Stielansatz entfernen. Die Gurke waschen, putzen und in feine Scheiben schneiden. Die Salatzutaten in einer großen Schüssel vermengen. Übriges Olivenöl, Essig, Salz und Pfeffer zu einer Vinaigrette verrühren und den Salat damit anmachen.

4 Das Hähnchenbrustfilet kurz abkühlen lassen, in dünne Scheiben schneiden und über den Salat geben.

Tabboulé
Arabisch in Manhattan

FÜR VIER: 150 g Bulgur • 1 große rote Paprikaschote • 2 Fleischtomaten • 1 weiße Zwiebel • 1/2 Bund Petersilie oder Koriander • 1 Zitrone • 10 entsteinte grüne Oliven • 3 EL Olivenöl • Salz • Pfeffer aus der Mühle

Zeit: 20 Minuten + 3 Stunden Einweichen + 1 Stunde Durchziehen • Kalorien pro Portion: 240

1 Den Bulgur in kaltem Wasser 3 Stunden einweichen. Dann die Paprikaschote halbieren, die weißen Kerne und Innenhäute entfernen und die Paprikahälften waschen und klein schneiden. Die Tomaten waschen und klein schneiden, dabei den Stielansatz entfernen. Die Zwiebel schälen und sehr fein schneiden. Petersilie oder Koriander abbrausen, trockenschütteln und die Blätter von den Zweigen zupfen und klein schneiden. Die Zitrone auspressen und die Oliven halbieren.

2 Nun muss der Bulgur etwa 5 Minuten im Einweichwasser aufkochen und dann in einem großen Sieb gut ausgedrückt werden. Dann Paprika, Tomaten, Zwiebeln, Kräuter, Oliven sowie Zitronensaft und das Olivenöl untermengen. Mit Salz und Pfeffer gut würzen und mindestens 1 Stunde im Kühlschrank durchziehen lassen.

Reissalat mit grünen Bohnen
Mach mir die Bohne

FÜR VIER: 150 g Parboiled-Reis • Salz • 250 g grüne Bohnen • 3–4 Zweige Estragon • 2 TL Olivenöl • 1 TL Weißweinessig • Pfeffer aus der Mühle

Zeit: 25 Minuten • Kalorien pro Portion: 105

1 Den Reis in 800 ml Salzwasser aufkochen und im geschlossenen Topf bei geringer Hitze etwa 15 Minuten quellen lassen, dabei gelegentlich umrühren.

2 Die Bohnen waschen und putzen und in wenig Salzwasser etwa 10 Minuten garen. Bohnen abschrecken und halbieren oder dritteln. Estragon abbrausen, trockenschütteln und die Blätter grob hacken. Bohnen und Estragon mit Öl und Essig unter den Reis mischen. Mit Pfeffer und Salz würzen. Abkühlen lassen.

gute Mischung

DeliMix

Geflügelsalat
Zum Wegfliegen

FÜR VIER: 300 g Putenbrustfilet • Salz • 2 Stangen Sellerie • 100 g geschälte Mandeln • 2 weiße Zwiebeln • 200 g kernlose Weintrauben • 4 Zweige Estragon • 100 g Mayonnaise • 200 g Sauerrahm • 2 EL Zitronensaft • 1 reife Avocado • Pfeffer aus der Mühle

Zeit: 20 Minuten + 15 Minuten Durchziehen • Kalorien pro Portion: 665

1 Das Putenbrustfilet in reichlich Salzwasser bei geringer Hitze 10 Minuten sanft garen und im Sud ein wenig abkühlen lassen. Derweil den Sellerie waschen, putzen und in feine Scheiben schneiden. Die Mandeln fein hacken und die Zwiebeln schälen und auch fein hacken. Nun noch die Trauben waschen, halbieren oder vierteln und den Estragon abbrausen, trockenschütteln und die Blätter fein hacken.

2 Das Putenbrustfilet in kleine Würfel schneiden. Und jetzt alle vorbereiteten Zutaten mit der Mayonnaise, dem Sauerrahm und dem Zitronensaft vermengen. Die Avocado halbieren, den Kern entfernen, das Fruchtfleisch aus der Schale lösen, klein schneiden und unter den Salat geben. Salat salzen, pfeffern und etwa 15 Minuten durchziehen lassen.

Kalte Nudeln mit Erdnusssauce
Coole Köstlichkeit

FÜR VIER: 200 g China-Eiernudeln • Salz • 1 EL Sesamöl • 1 walnussgroßes Stück frischer Ingwer • 2 Knoblauchzehen • 1/2 Chilischote • 4 EL Erdnussbutter • 1 TL Erdnussöl • 1 TL Sojasauce • 1 TL Zucker • 1/4 TL Cayennepfeffer • 1 EL Weißweinessig • 2 Frühlingszwiebeln

Zeit: 20 Minuten • Kalorien pro Portion: 305

1 Nudeln in reichlich kochendes Salzwasser geben und nach Packungsaufschrift gar ziehen lassen. In ein Sieb schütten und sofort mit kaltem Wasser übergießen. Die kalten Nudeln mit dem Sesamöl vermengen.

2 Für die Sauce Ingwer und Knoblauch schälen und beides grob schneiden. Die Chilischote von Stiel und Kernen befreien und waschen. Chili mit Ingwer, Knoblauch, Erdnussbutter, Erdnussöl, Sojasauce, Zucker, Cayennepfeffer, Essig und etwas Wasser mit dem Stabmixer pürieren. Die Sauce unter die Nudeln rühren.

3 Die Frühlingszwiebeln waschen, putzen, in kleine Röllchen schneiden und über den Salat geben.

Squeeze Bar
SQUEEZE BAR

Fish & Meat

Kommen wir zur Hauptsache: richtig gutes Fleisch und frischer Fisch. Dazu knackige Ideen, klasse Saucen – superleicht und superlecker. Von Barbecue bis Teriyaki einmal um die Welt. Die Deli-Rezepte machen Fleisch wieder interessant und Fisch easy to cook.

Hier steppt der Truthahn mit der Avocado, verliebt sich die Schweinelende in die schwarze Bohne und der Schwertfisch hat sein Solo. Kunterbunter Mix für alle Fans von Multi-Küchen-Kulti.

Pfannen-Scampi

FÜR VIER: 2 EL Sojasauce mit 1 EL Sherry- oder Weißweinessig und 1 EL Zucker verrühren. 800 g geschälte Scampi waschen und trockentupfen. Am Rücken leicht einschneiden und den feinen Darm entfernen. Die Scampi für etwa 15 Minuten in die Marinade legen.

1 walnussgroßes Stück frischen Ingwer schälen und fein schneiden. Ingwer in einer Pfanne in 2 EL Sesamöl andünsten. 1 Bund Frühlingszwiebeln waschen, putzen und klein schneiden. Die Zwiebeln zum Ingwer geben und kurz mitdünsten. Die marinierten Scampi samt der Marinade in die Pfanne geben und etwa 5 Minuten braten, bis die Scampi eine rosa Farbe annehmen.

AUCH NICHT SCHLECHT: Dazu passt Basmati-Reis.

Spareribs

FÜR VIER: 1 kg Schweinerippchen von zu viel Fett befreien und in vier Portionen aufteilen.

2 Orangen auspressen und den Saft mit 200 ml Sojasauce und 100 g Zucker mischen. 2 Knoblauchzehen schälen und durch eine Presse direkt in die Marinade drücken. Die Rippchen in der Marinade 12 Stunden einlegen, dabei gelegentlich wenden.

Den Backofen auf 200 °C vorheizen. Die Spareribs auf ein Blech legen und im Ofen (Mitte!) unter häufigem Wenden 45 Minuten garen, dabei immer wieder mit der Marinade bestreichen.

AUCH NICHT SCHLECHT: Die Spareribs auf dem Grill über der heißen Glut garen und bräunen. Lecker: Spareribs mit einer Salsa-Sauce oder mit Senf oder Ketschup servieren.

Gebratener Schwertfisch

FÜR VIER: Saft von 1 Zitrone mit 2 EL Olivenöl, Salz und Pfeffer aus der Mühle verrühren. 4 Scheiben Schwertfisch (à etwa 200 g) darin etwa 1 Stunde einlegen, kühl stellen. Dann abtropfen lassen und bei mittlerer Hitze auf jeder Seite 3 Minuten braten.

1 große, unbehandelte Zitrone waschen, in dünne Scheiben schneiden und mit den Schwertfischscheiben servieren.

AUCH NICHT SCHLECHT: Dazu Potatoes with Vinaigrette (Rezept auf Seite 64) reichen. Schmeckt wirklich oberlecker!

Mariniert und übergebraten

heiße Deli Specials

Pute mit Avocado-Salsa
Blitz-Gericht

FÜR VIER: 1 reife Avocado • 1 Limette • 24 Kirschtomaten • 1/2 Bund Petersilie • 3 EL Naturjogurt • Salz • Pfeffer aus der Mühle • 500 g Putenbrustfilet • 1 EL Öl (was gerade da ist, aber nicht zu geschmacksintensiv)

Zeit: 10 Minuten • Kalorien pro Portion: 300

1 Avocado halbieren, den Stein entfernen und das Fruchtfleisch aus der Schale löffeln. Den Saft der Limette auspressen. Die Tomaten waschen und klein schneiden. Die Petersilie abbrausen, trockenschütteln und die Blätter klein schneiden.

2 Das Avocadofleisch mit Limettensaft, Tomaten, Petersilie und Jogurt mit dem Stabmixer pürieren. Mit Salz und Pfeffer würzen.

3 Die Putenbrust in einer Pfanne im heißen Öl von beiden Seite je etwa 4 Minuten anbraten. Putenbrust aufschneiden und mit der Avocado-Salsa servieren.

Rinderragout mit Tomaten
(USA ist BSE-frei!)

FÜR VIER: 10 Tomaten • 2 große Zwiebeln • 3 Knoblauchzehen • 3 große Möhren • 2 Zweige Thymian • 600 g Rindfleisch (aus der Schulter) • 2 EL Olivenöl • 200 ml trockener Rotwein oder Traubensaft • 5 EL Aceto balsamico • 4 EL Tomatenmark • 4 Lorbeerblätter • Salz • Pfeffer aus der Mühle

Zeit: 15 Minuten + 30 Minuten Schmoren • Kalorien pro Portion: 290

1 Die Tomaten kreuzweise einschneiden und in kochendes Wasser geben, bis sich die Haut löst. Dann die Tomaten herausnehmen und die Haut abziehen. Die Tomaten vierteln. Zwiebeln, Knoblauch und Möhren schälen und klein schneiden. Thymian abbrausen und trockenschütteln.

2 Das Fleisch in 2–3 cm große Würfel schneiden und in einem Schmortopf im heißen Öl anbraten. Zwiebeln, Knoblauch und Möhren zum Fleisch geben. Mit Rotwein oder Traubensaft und dem Essig ablöschen. Tomaten, Tomatenmark, Lorbeerblätter und Thymian zugeben und alles 30 Minuten bei geringer Hitze schmoren.

3 Die Thymianzweige und die Lorbeerblätter aus dem Ragout fischen. Das Rinderragout mit Salz und Pfeffer abschmecken und dann ganz simpel mit Salzkartoffeln auftischen.

gut gegessen

Chicken Piccata mit Zitronen-Aioli
Huhn gehabt!

FÜR VIER: 4 Knoblauchzehen • Saft von 1 Zitrone • 2 große, ganz frische Eigelbe • Salz • Pfeffer aus der Mühle • 200 ml Olivenöl + ein bisschen mehr • 800 g Austernpilze • 4 Hähnchenbrustfilets (à etwa 100 g) • 3 EL Mehl • 150 ml trockener Weißwein • 10 große Kapern • 80 g Parmesan • 1 kleines Bund Petersilie

Zeit: 35 Minuten • Kalorien pro Portion: 730

1 Knoblauch schälen und durch die Presse drücken. Mit der Hälfte des Zitronensafts, Eigelben, etwas Salz und Pfeffer verrühren. 200 ml Olivenöl in einem feinen Strahl langsam dazugießen und alles mit dem Stabmixer verarbeiten, bis es eine cremige Sauce wird. Zitronen-Aioli kühl stellen.

2 Die Pilze mit Küchenpapier trocken abreiben. Ein bisschen Olivenöl in einer Pfanne erhitzen und darin die Pilze anbraten, herausnehmen. Die Hähnchenfilets im Mehl wenden und in der Pfanne in noch einem bisschen heißen Öl von beiden Seiten je etwa 1 Minute anbraten. Filets salzen, Wein zugeben und noch gute 2 Minuten dünsten lassen. Dann übrigen Zitronensaft mit den Pilzen und den Kapern zugeben. Den Parmesan reiben und darüber streuen. Alles kurz mit geschlossenem Deckel nochmals erhitzen.

3 Petersilie abbrausen, trockenschütteln und die Blätter hacken. Petersilie über Hähnchen, Pilze und Kapern streuen und alles zusammen servieren. Und natürlich die Zitronen-Aioli nicht vergessen! Die gehört dazu.

Heilbuttfilet mit Zitrus-Vinaigrette
Fisch auf die Schnelle

FÜR VIER: 1 kleine unbehandelte Orange • 1 unbehandelte Zitrone • 1/2 Bund Schnittlauch • 1 EL grober Senf • 1 EL Weißweinessig • 2 EL Zucker • 6 EL Olivenöl • Salz • Pfeffer aus der Mühle • 4 Heilbuttfilets (à 200 g)

Zeit: 20 Minuten • Kalorien pro Portion: 380

1 Die Orange und die Zitrone waschen und die Schale sehr fein abreiben. Den Saft auspressen. Den Schnittlauch abbrausen, trockenschütteln und fein schneiden. Zitrussäfte und -schalen mit Schnittlauchröllchen, Senf, Essig, Zucker und 4 EL Olivenöl verrühren. Mit Salz und Pfeffer würzen.

2 Die Heilbuttfilets im restlichen heißen Olivenöl in einer antihaft-beschichteten Pfanne von beiden Seiten kurz anbraten, salzen und pfeffern. Mit der Zitrus-Vinaigrette zum Drüberträufeln servieren.

Federvieh und Wassertier

zum Reinbeißen

Black Bean Chili
Schwarz und scharf

FÜR VIER: 200 g schwarze Bohnen • 1 große Gemüsezwiebel • 2 Peperoni • 2 Lorbeerblätter • 3 TL Olivenöl • 3 EL Chilipulver • 1 TL Cumin (Kreuzkümmelpulver) • 50 g Speisestärke • 500 g Schweinelende • 1/2 l Geflügelbrühe • Salz • Pfeffer aus der Mühle • 100 g Crème fraîche für den, der es nicht ganz so scharf mag

Zeit: 30 Minuten + über Nacht Einweichen + 1 1/2 Stunden Garen • Kalorien pro Portion: 450

1 Die Bohnen in ein Sieb geben, waschen und dann am besten über Nacht (zumindest aber 12 Stunden) in reichlich Wasser einweichen. Dann die Bohnen in 1 l frischem Wasser aufkochen und 1 Stunde köcheln lassen.

2 Zwiebel schälen und klein schneiden. Peperoni entstielen, entkernen, waschen und auch klein schneiden. Beides mit den Lorbeerblättern im heißen Olivenöl andünsten. Gewürze und Stärke zugeben und etwas anrösten lassen, ohne dass die Zwiebel und die Gewürze verbrennen.

3 Das Fleisch in etwa 2 cm große Würfel schneiden. Zu den Zwiebeln geben, anbraten und mit der Brühe ablöschen. Die abgetropften Bohnen untermischen und alles bei geringer Hitze etwa 30 Minuten mehr ziehen als kochen lassen. Kräftig mit Salz und Pfeffer würzen. Wem das Chili zu scharf ist, rührt die Crème fraîche unter. Das gibt diesem eher derben Gericht auch einen Hauch von feiner Küche.

Crab Cakes
Was Gutes auf die Hand

FÜR VIER: 1 kleine Zwiebel • 1 grüne Paprikaschote • 1/2 Bund Petersilie • 800 g Krabbenfleisch • 3 Eier • 1 TL Zitronensaft • 3 EL Mayonnaise • 2 EL mittelscharfer Senf • 160 g Salzstangen oder Semmelbrösel • 8–10 Spritzer Tabasco • 2 TL Worcestersauce • Selleriesalz • Pfeffer aus der Mühle • 1/2 TL Kardamompulver • 100 ml Olivenöl

Zeit: 20 Minuten + 30 Minuten Kühlen • Kalorien pro Portion: 545

1 Die Zwiebel schälen und grob schneiden. Paprika vierteln und die Kerne und weißen Trennhäute herausholen, waschen. Die Petersilie abbrausen, trockenschütteln und die Blätter von den Zweigen abzupfen. Alles mit Krabbenfleisch, Eiern, Zitronensaft, Mayonnaise, Senf und Salzstangen oder Bröseln in der Haushaltsmaschine oder mit dem Stabmixer sehr fein pürieren. Mit Tabasco, Worcestersauce, Selleriesalz, Pfeffer und Kardamom pikant und etwas scharf abschmecken. Etwa 30 Minuten kalt stellen.

2 Die Masse mit angefeuchteten Händen zu 12 Bällchen formen, etwas flach drücken und in einer antihaftbeschichteten Pfanne im heißen Olivenöl goldgelb ausbacken.

Zauberkasten

Küche

Hähnchen-Curry-Pie

Feine Resteverwertung

FÜR VIER:
2 große Hähnchenbrustfilets (à 150 g)
Salz
200 g Mais (aus der Dose)
250 g Erbsen (frisch oder tiefgekühlt)
2 Möhren (oder ein Gemüse, das zufällig weg muss)
100 g weiche Butter
2 EL Mehl
1/4 l Geflügelbrühe
4 Zweige Rosmarin
8–10 Spritzer Tabasco
Salz, Pfeffer aus der Mühle
etwas Currypulver
200 g Semmelbrösel
200 ml Milch

Zeit: 45 Minuten + 25 Minuten Backen • Kalorien pro Portion: 640

1 Die Hähnchenbrustfilets in Salzwasser etwa 10 Minuten bei geringer Hitze garen. Inzwischen den Mais abtropfen lassen. Frische Erbsen aus den Hülsen palen. Wer tiefgekühlte Erbsen nimmt, lässt sie leicht antauen. Möhren schälen und klein schneiden. Hähnchenfilet aus dem Sud nehmen und in kleine Würfel schneiden.

2 Die Hälfte der Butter schmelzen und das Mehl hineinrühren. Die Geflügelbrühe unterrühren und kurz aufkochen. Rosmarin abbrausen, trockenschütteln und 2 Zweige mit dem Tabasco in die Sauce geben. Die Fleischwürfel und das Gemüse untermischen, kurz aufkochen. Mit Salz, Pfeffer und Curry abschmecken, die Rosmarinzweige entfernen. Den Backofen auf 200 °C vorheizen.

3 Die Semmelbrösel und die restliche Butter gut vermengen. Die Milch und die Nadeln der übrigen Rosmarinzweige zugeben und alles zu Bröseln verarbeiten.

4 Die Hähnchen-Gemüse-Masse in eine Auflaufform geben und mit den Bröseln gleichmäßig überdecken. Im Ofen (Mitte!) etwa 25 Minuten backen, bis die Brösel goldbraun sind. Die Hähnchen-Curry-Pie in der Auflaufform servieren.

Lammkoteletts mariniert
Ziemlich feurig und gar nicht lammfromm

FÜR VIER: 1 Knoblauchzehe • 1 walnussgroßes Stück frischer Ingwer • 1 Zitrone • 100 g Honig • 4 EL Weißweinessig • 7 EL Olivenöl • 1/2 TL Tabasco • 4 EL Barbecue-Sauce • 1/2 TL Zimtpulver • 1/4 TL Cumin (Kreuzkümmelpulver) • 8 Lammkoteletts (à etwa 70 g) • Salz • Pfeffer aus der Mühle

Zeit: 10 Minuten + über Nacht Marinieren • Kalorien pro Portion: 775

1 Die Knoblauchzehe schälen und durch eine Presse drücken. Den Ingwer schälen und klein schneiden. Die Zitrone auspressen und den Saft mit Knoblauch, Ingwer, Honig, Essig, 3 EL Olivenöl, Tabasco, Barbecue-Sauce, Zimt und Cumin zu einer Marinade verrühren.

2 Die Lammkoteletts mit Salz und Pfeffer würzen und dünn mit der Marinade einstreichen. Koteletts luftdicht verpacken, damit das Fleisch nicht austrocknen kann, und über Nacht im Kühlschrank marinieren lassen.

3 Am nächsten Tag die Lammkoteletts aus der Marinade nehmen und im übrigen heißen Öl in einer Pfanne jeweils von beiden Seiten je 2 Minuten braten. Mit der übrigen Marinade servieren.

Hähnchenkeulen in Teriyaki-Sauce
China Town lässt grüßen

FÜR VIER: 1 Sternanis • 100 ml Sojasauce • 5 EL Honig • 5 EL Sherry • 2 Knoblauchzehen • 1 walnussgroßes Stück frischer Ingwer • 8 Hähnchenkeulen (à etwa 200 g) • Pfeffer aus der Mühle • 1/2 TL scharfes Paprikapulver (wer es nicht so scharf mag, nimmt mildes) • 4 EL Olivenöl

Zeit: 35 Minuten • Kalorien pro Portion: 680

1 Den Sternanis mit 200 ml Wasser und der Sojasauce aufkochen. Honig und Sherry zugeben, den Knoblauch schälen und durch eine Presse dazudrücken. Den Ingwer schälen, klein schneiden, auch dazugeben und den Teriyaki-Sud 5 Minuten ziehen lassen.

2 Die Hähnchenkeulen pfeffern und mit Paprikapulver einreiben. In einer großen Pfanne im heißen Öl von beiden Seiten kräftig anbraten, mit dem Sud ablöschen und zugedeckt 10 Minuten kochen lassen. Dabei die Keulen einmal wenden und immer wieder mit dem Sud übergießen. Die Hähnchenkeulen herausnehmen, warm halten. Den Sud bei starker Hitze einkochen lassen und die Keulen mit der Sauce servieren.

CHINA TOWN
CAFE
光臨

明
外賣飯盒
任選三

Spiced Chicken mit Mangold

Reingelegt!

FÜR VIER:
1 walnussgroßes Stück frischer Ingwer
2 Knoblauchzehen
2 EL Sojasauce, 4 EL Erdnussbutter
100 ml trockener Rotwein
4 Hähnchenbrustfilets (à 150 g)
Pfeffer aus der Mühle
1/4 TL Chilipulver
1 große Gemüsezwiebel
3 EL Olivenöl
1 rote Chilischote, 300 g Mangold
200 g Mungobohnensprossen
Salz, 3 EL Mehl

Zeit: 40 Minuten + 4 Stunden Marinieren • Kalorien pro Portion: 390

1 Den Ingwer und Knoblauch schälen. Ingwer klein schneiden, Knoblauch durch eine Presse drücken. Beides mit Sojasauce, Erdnussbutter und Rotwein zu einer Marinade verrühren. Die Hähnchenbrüste mit Pfeffer und Chilipulver einreiben, mit der Marinade bestreichen und möglichst luftdicht verpackt, am besten in einem Plastikbeutel, 4 Stunden im Kühlschrank marinieren.

2 Zwiebel schälen, klein schneiden und in einer großen Pfanne in 1 EL heißem Olivenöl bei geringer Hitze in etwa 10 Minuten goldgelb dünsten. Die Chilischote entstielen, längs aufschneiden, die Kerne entfernen, waschen und die Schote klein schneiden. Chili zur Zwiebel geben und weitere 10 Minuten dünsten.

3 Den Mangold waschen, putzen, grob hacken und mit den Sprossen zu Zwiebel und Chili geben. Weitere 10 Minuten dünsten, mit Salz und Pfeffer würzen.

4 Hähnchenbrustfilets aus der Marinade nehmen und etwas abtupfen, die Marinade nicht wegschmeißen. Das Fleisch in etwa 2–3 cm große Würfel schneiden, in dem Mehl wenden und im übrigen heißen Olivenöl in einer Pfanne rundum kräftig anbraten. Fleisch aus der Pfanne nehmen und kurz abkühlen lassen.

5 Den Bratensatz mit der Marinade ablöschen, aufkochen und anschließend über das Fleisch geben. Mit dem Zwiebel-Mangold-Gemüse anrichten.

Vegetables, Potatoes & Pasta

Vegetarisch, aber nicht die Spur puritanisch: das Bermudadreieck zwischen Gemüse, Nudeln und Kartoffeln. Zum Versinken gut bis zum letzten Bissen. Lecker auf Linie gekocht und auf den Punkt, wo Gesundheit und Genuss sich kreuzen. Neue Küche New Yorks: businesslike à la Bistro.

Mehr Hunger als Zeit. Rasch was Leichtes essen. Der kleine Teller Nudeln, ein paar Gabeln Gemüse und ein Stückchen Quiche haben Saison. Und ein Deli hat sie alle.

Paprika mit Mozzarella

FÜR VIER: Den Backofen auf 220 °C hochheizen. Je 4 rote und gelbe Paprika halbieren, von Kernen und hellen Innenhäuten befreien, waschen und mit der gewölbten Seite nach oben auf ein Backblech legen. So lange in den Ofen (Mitte!) schieben, bis die Haut braun und blasig ist. Dann die Paprika häuten. (Vorsicht, Hände nicht verbrennen!) Die Paprika in Streifen schneiden, in 2 EL heißem Olivenöl anbraten, mit 4 EL Aceto balsamico ablöschen, abkühlen lassen. 400 g Mini-Mozzarellakugeln abtropfen lassen. Von 1/2 Bund Basilikum die Blätter abzupfen und klein schneiden.

Die Paprika mit den Mozzarellakugeln und dem Basilikum vermengen, salzen, pfeffern und mit 4 EL Olivenöl übergießen. Das Ganze etwa 15 Minuten ziehen lassen, bevor man es serviert.

Zwiebel-Oliven-Quiche

FÜR VIER: Den Backofen auf 180 °C stellen. 40 g Parmesan reiben und mit 60 g Semmelbröseln und 4 EL weicher Butter vermengen. Den Teig in eine gefettete Springform (22 cm Ø) drücken.

1 kg Zwiebeln (rot und weiß gemischt) schälen und klein schneiden. 2 EL Olivenöl in einem großen Topf erhitzen und die Zwiebeln darin bei geringer Hitze und ständigem Rühren in etwa 15 Minuten weich garen. Leicht salzen und gut pfeffern. 80 g schwarze Oliven halbieren und entsteinen.

Dann unter die Zwiebeln 2 Eier rühren und mit den Oliven auf dem Teig verteilen. Im Ofen (Mitte!) etwa 45 Minuten backen. Warm servieren!

Potatoes with Vinaigrette

FÜR VIER (ALS BEILAGE): 800 g fest kochende Kartoffeln unter Wasser bürsten, ungeschält in Salzwasser 30 Minuten garen. Kartoffeln je nach Größe halbieren oder vierteln (auch wieder samt der Schale) und in 5 EL heißem Olivenöl anbraten.

1 Knoblauchzehe schälen, durch die Presse drücken und mit 4 EL Weißweinessig oder Balsamico bianco und 5 EL trockenem Weißwein über die Kartoffeln geben. Kurz dünsten lassen.

Von 3 Zweigen Basilikum die Blätter grob hacken und über die Kartoffeln streuen. Mit Salz und Pfeffer aus der Mühle kräftig würzen.

Kleine Delikatessen

einfach

lecker

gemacht

Gebratene Auberginen und Zwiebeln

Von A bis Z

FÜR VIER:
2 Auberginen, 6 EL Olivenöl
2 große Gemüsezwiebeln
2 rote Paprikaschoten
4 Knoblauchzehen
2 Zitronen
2 EL Aceto balsamico
Salz, Pfeffer aus der Mühle
1/2 TL mildes Paprikapulver
1 Bund Frühlingszwiebeln
5 Zweige Minze, 10 Zweige Koriander

Zeit: 30 Minuten + 30 Minuten Garen • Kalorien pro Portion: 190

1 Den Backofen gleich zu Anfang auf 200 °C vorheizen. Die Auberginen waschen, putzen und längs in etwa 1 cm dicke Scheiben schneiden. Die Scheiben dünn mit 2 EL Öl bestreichen. Die Zwiebeln schälen, in Ringe schneiden und mit 2 EL Öl vermengen. Auberginen und Zwiebeln ziehen lassen, bis die Sauce fertig ist.

2 Für die Sauce die Paprikaschoten halbieren, die Kerne und Innenwände entfernen, waschen. Paprikahälften mit der gewölbten Seite nach oben auf ein Backblech legen und im Ofen (Mitte!) etwa 30 Minuten garen, bis die Haut braun ist und Blasen schlägt.

3 Nun die Paprika häuten – Achtung: Paprika sind noch sehr heiß! – und klein schneiden. Knoblauch schälen und durch die Presse drücken, die Zitronen auspressen. Knoblauch, Zitronensaft, Essig, restliches Öl, Salz, Pfeffer und Paprikapulver verrühren und mit den Paprikawürfeln zu einer Sauce vermengen.

4 Die Auberginenscheiben und Zwiebelringe in einer Pfanne bei mittlerer Hitze gut durchbraten, das dauert etwa 10 Minuten. Auf eine Platte geben und mit der Paprikasauce übergießen.

5 Die Frühlingszwiebeln waschen, unteren Wurzelansatz und oberes, dunkles Grün abschneiden und nur die weißen und hellgrünen Teile in feine Ringe schneiden. Minze und Koriander abbrausen, trockenschütteln und die Blätter von den Zweigen zupfen. Mit den Frühlingszwiebeln über die Auberginen und Zwiebeln geben.

Auberginen-Lasagne
Little Italy

FÜR VIER: 1 Knoblauchzehe • 8 EL Olivenöl • Salz • Pfeffer aus der Mühle • 1/2 TL mildes Paprikapulver • 2 kleine Auberginen • 1 Zwiebel • 150 g Lasagne-Nudelplatten (solche, die vorgekocht werden müssen) • 500 g Tomatenpüree • 1 TL getrockneter Oregano • 4 EL geriebener Parmesan • 1 Kugel Mozzarella (125 g)

Zeit: 25 Minuten + 30 Minuten Backen • Kalorien pro Portion: 460

1 Den Backofen auf 220 °C aufheizen. Knoblauch schälen und durch die Presse drücken. Mit 5 EL Öl, Salz, Pfeffer und Paprikapulver zu einer Marinade rühren. Auberginen waschen, putzen, in 1 cm dicke Scheiben schneiden und die Marinade darüber träufeln. Die Zwiebel schälen und klein schneiden. Die Auberginen im übrigen heißen Olivenöl kurz von beiden Seiten anbraten, restliche Marinade und Zwiebeln zugeben.

2 Lasagne-Nudeln nach Packungsaufschrift vorkochen. Das Tomatenpüree mit Salz, Pfeffer und Oregano würzen. Ein Drittel der Tomatensauce in eine Auflaufform geben und mit der Hälfte der Nudelplatten bedecken, darauf die Hälfte der Auberginenscheiben geben. Parmesan darüber streuen, dann ein weiteres Drittel der Tomatensauce einfüllen. Mozzarella in Streifen schneiden, auf die Sauce geben und mit den restlichen Auberginen und den Lasagne-Nudeln bedecken. Dann die übrige Tomatensauce darauf verteilen und die Lasagne im Ofen (Mitte!) 30 Minuten backen.

Pasta Niçoise
International und immer wieder gut

FÜR VIER: 4 Tomaten • 100 g grüne Bohnen • 100 ml Gemüsebrühe • 200 g Muschelnudeln • Salz • 8 schwarze Oliven • 2 Knoblauchzehen • 1 TL Kapern • 2 TL Weißweinessig • Pfeffer aus der Mühle • 1/2 TL mildes Paprikapulver

Zeit: 20 Minuten • Kalorien pro Portion: 365

1 Die Tomaten waschen und achteln, dabei den Stielansatz entfernen. Die Bohnen waschen, putzen und in kleine Stücke schneiden. Tomaten und Bohnen in der Gemüsebrühe in etwa 5 Minuten bissfest dünsten.

2 Die Muschelnudeln in reichlich kochendem Salzwasser nach Packungsaufschrift al dente garen.

3 Die Oliven entkernen, den Knoblauch schälen und durch eine Presse drücken. Beides mit Kapern und dem Essig zum Gemüse geben. Die Muschelnudeln abgießen, kurz abtropfen lassen und mit der Gemüsemischung vermengen. Mit Salz, Pfeffer und dem Paprikapulver würzen.

VAN
Enjoy
Coca-Cola
Coca-Cola

Spinat-Pie

Ein kleines Stück Greencard

FÜR VIER:
250 g Mehl, Salz
4 EL kalte Butter, 3 Eier
250 g Blattspinat
100 g Feta-Käse
50 g mittelalter Gouda
3 Frühlingszwiebeln
1 EL Olivenöl + ein bisschen mehr
Pfeffer aus der Mühle
1 Eigelb
1 EL Mohnsamen

Zeit: 50 Minuten + 30 Minuten Backen • Kalorien pro Portion: 600

1 Das Mehl mit 1/2 TL Salz mischen. Die Butter in kleinen Stückchen und 1 Ei zum Mehl geben und mit 2 EL eiskaltem Wasser zu einem glatten Teig verkneten. Den Teig etwa 30 Minuten im Kühlschrank ruhen lassen.

2 Inzwischen Spinat verlesen und gründlich waschen. Noch nass in einen großen Topf geben und abgedeckt 2 Minuten kochen, bis er zusammenfällt. Abkühlen lassen, Wasser ausdrücken und Spinat grob schneiden.

3 Feta-Käse und Gouda in kleine Würfel schneiden. Frühlingszwiebeln waschen, putzen und klein schneiden. 1 EL Öl in einem kleinen Topf erhitzen und die Frühlingszwiebeln darin in 3 Minuten weich braten. In eine Schüssel geben und mit Spinat, Käse und übrigen Eiern gründlich mischen. Mit Salz und Pfeffer würzen.

4 Den Backofen auf 200 °C vorheizen, eine Auflaufform mit ein bisschen Öl einfetten. Zwei Drittel des gekühlten Teiges auf einer bemehlten Fläche dünn ausrollen und die Form so damit auskleiden, dass etwas Teig über die Ränder lappt.

5 Die Spinat-Käse-Masse in der Form auf dem Teig verteilen, die Teigränder darüber klappen und mit etwas Eigelb bestreichen. Den übrigen Teig ebenfalls dünn ausrollen, mit noch einem bisschen Öl bepinseln und mit der geölten Seite nach unten auf die Füllung legen. Die Ränder gut andrücken.

6 Den Teigdeckel mehrfach mit einer Gabel einstechen, mit dem übrigen Eigelb bepinseln und mit dem Mohn bestreuen. Im Ofen (Mitte!) in etwa 30 Minuten goldgelb backen und sofort servieren.

Gebratener Spargel und Shiitake-Pilze
So simpel und sooo gut

FÜR VIER: 1 kg weißer Spargel • Salz • 200 g Shiitake-Pilze • 1/2 Zitrone • 1 TL Olivenöl • Pfeffer aus der Mühle

Zeit: 30 Minuten • Kalorien pro Portion: 160

1 Den Spargel schälen und die Enden abschneiden. Die Spargelstangen in reichlich Salzwasser 10 Minuten garen. Derweil die Shiitake-Pilze mit einem Küchentuch trocken abreiben und die Stielenden abschneiden. Die Zitrone waschen, die Schale fein abschälen und in hauchdünne Streifen schneiden. Den Saft auspressen.

2 Den Spargel gut abtropfen lassen. Das Olivenöl in einer großen Pfanne erhitzen. Darin die Shiitake-Pilze und den Spargel bei mittlerer Hitze ganz kurz anbraten. Die Zitronenschale und den Zitronensaft zugeben und alles 10 Minuten bei geringer Hitze dünsten lassen. Mit Salz und Pfeffer würzen.

Angel Hair Pasta with Broccoli
Für die kurze Mittagspause

FÜR VIER: 400 g Brokkoli • 1 Knoblauchzehe • frisch geriebene Muskatnuss • 2 EL Olivenöl • 200 g feine Fadennudeln (Angel-Hair-Nudeln) • Salz • 1/2 kleine rote Peperoni • 50 g Parmesan • Pfeffer aus der Mühle

Zeit: 25 Minuten • Kalorien pro Portion: 300

1 Den Brokkoli waschen, putzen und die kleinen Röschen vom Stiel abschneiden. Den Knoblauch schälen und ganz klein schneiden. Die Brokkoliröschen mit dem Knoblauch und etwas Muskat in einer großen Pfanne in heißem Olivenöl dünsten, bis er gar ist, aber noch Biss hat. Das dauert keine 5 Minuten.

2 Nudeln in reichlich Salzwasser nur kurz aufkochen, dann sofort in ein Sieb gießen und abtropfen lassen, dabei das Nudelwasser auffangen. Nudeln zum Brokkoli in die Pfanne geben. Peperoni entkernen, waschen, sehr fein schneiden und auch zugeben. Alles nochmals bei starker Hitze gute 5 Minuten garen, dabei eventuell eine kleine Kelle Nudelwasser zugeben. Den Parmesan fein reiben oder in dünne Späne hobeln und mit etwas Pfeffer über die Nudeln streuen. Und ab auf den Tisch damit!

easy eating

leicht gemacht

Makkaroni überbacken
Für Bauarbeiter und Börsianer

FÜR VIER: 2 EL Butter • 3 EL Mehl • 1/2 l Milch • Salz • Pfeffer aus der Mühle • Cayennepfeffer • 200 g Bergkäse • 1/2 Bund Thymian • 1/2 Bund Oregano • 4 große Tomaten • 200 g Makkaroni • ein bisschen Öl (was gerade da ist, aber geschmacklich nicht zu intensiv)

Zeit: 35 Minuten + 40 Minuten Backen • Kalorien pro Portion: 495

1 Die Butter zerlassen und das Mehl einrühren, die Milch zugeben. Alles unter ständigem Rühren zur Sauce aufkochen. Mit Salz, Pfeffer und Cayennepfeffer würzen. Den Bergkäse reiben, zur Sauce geben und weiter umrühren, bis der Käse geschmolzen ist. Thymian und Oregano abbrausen, trockenschütteln und die Blättchen von den Zweigen zupfen und hacken. Die Kräuter zur Sauce geben.

2 Reichlich Salzwasser in einem großen Topf zum Kochen bringen. Die Tomaten kreuzweise einschneiden und für etwa 30 Sekunden ins kochende Wasser geben, bis sich die Haut leicht löst. Die Tomaten aus dem Wasser holen. Jetzt die Makkaroni hineingeben und 10–12 Minuten garen. Tomaten mit kaltem Wasser abschrecken, häuten, halbieren, entkernen und das Tomatenfleisch klein schneiden. Den Backofen auf 200 °C hochdrehen.

3 Eine Auflaufform mit dem Öl einfetten. Die Makkaroni abtropfen lassen und mit den Tomaten in die Form schichten. Die Käsesauce darüber verteilen und im Ofen (Mitte!) in etwa 40 Minuten goldgelb backen.

Brokkoli-Quiche
Lieblingsquiche in NY

FÜR VIER: 250 g Mehl • Salz • 150 g Butter in kleinen Flöckchen + ein bisschen mehr • Hülsenfrüchte zum Blindbacken (z. B. Linsen oder Erbsen) • 750 g Brokkoli • 1 kleine Zwiebel • 150 g Cheddar-Käse • 3 Eier • 300 ml Milch • Pfeffer aus der Mühle • frisch geriebene Muskatnuss

Zeit: 25 Minuten + 30 Minuten Kühlen + 45 Minuten Backen • Kalorien pro Portion: 815

1 Mehl mit 1/2 TL Salz und 150 g Butter mischen und zu kleinen Krümeln verkneten. Esslöffelweise so viel kaltes Wasser zugeben, bis man daraus einen Teig kneten kann. Teig 30 Minuten kühl stellen. Den Backofen auf 200 °C vorheizen. Eine Auflaufform mit ein bisschen Butter einfetten. Teig dünn ausrollen und in die Form drücken. Teig mit Backpapier bedecken, Hülsenfrüchte einfüllen. Im Ofen (Mitte!) 15 Minuten blindbacken.

2 Den Brokkoli waschen, putzen und in kleine Röschen teilen. In wenig Salzwasser in etwa 8 Minuten bissfest dünsten. Zwiebel schälen und klein schneiden, den Käse reiben. Hülsenfrüchte und Papier vom gebackenen Teig entfernen und Brokkoli, Zwiebel und Käse einfüllen. Eier und Milch verrühren, mit Salz, Pfeffer und Muskat würzen und darüber gießen. Im Ofen (Mitte!) 45 Minuten backen. Etwas abkühlen lassen und servieren.

ze Bar
Natural Juices, Soups, Salads
Squeeze bar

Trumansburg

Spaghetti primavera

Schmeckt auch im Winter

FÜR SECHS:
200 g Brokkoli, 1 Zucchino
200 g breite, grüne Bohnen
200 g Champignons
1 Zitrone
100 g TK-Erbsen, Salz
1 grüne Chilischote, 1/2 Bund Basilikum
500 g Spaghetti
5 EL Olivenöl
1 Knoblauchzehe
500 g Tomatenpüree, 150 g Sahne
Pfeffer aus der Mühle
50 g Parmesan

Zeit: 45 Minuten • Kalorien pro Portion: 540

1 Den Brokkoli waschen, putzen und die kleinen Röschen vom Strunk abschneiden. Den Zucchino waschen, putzen und in schmale Streifen schneiden. Die Bohnen waschen, putzen und ebenfalls in schmale Streifen schneiden. Die Champignons mit Küchenpapier trocken abreiben, Stielenden abschneiden und die Pilze in Scheiben schneiden. Die Zitrone auspressen und die Champignonscheiben mit dem Saft beträufeln.

2 Nach der Schneidearbeit Brokkoli, Zucchino und Bohnen mit den tiefgekühlten Erbsen in etwas Salzwasser bei geringer Hitze 10 Minuten dünsten. Gleichzeitig einen großen Topf mit Salzwasser für die Spaghetti zum Kochen bringen. Chili entstielen, halbieren, von den Kernen befreien, waschen und ganz fein schneiden. Die Basilikumblätter von den Zweigen zupfen und hacken.

3 Die Spaghetti nach Packungsanweisung in dem kochenden Salzwasser al dente garen. Olivenöl in einem großen Topf erhitzen. Die Knoblauchzehe schälen und durch eine Presse ins Öl drücken. Das Tomatenpüree mit der Chilischote, der Sahne und den Champignonscheiben zugeben und bei geringer Hitze heiß halten.

4 Sind die Spaghetti bissfest gegart, in einem Sieb gut abtropfen lassen und in die Tomaten-Sahne-Sauce geben. Die Gemüsemischung und das Basilikum unterheben, mit Salz und Pfeffer kräftig abschmecken. Den Parmesan reiben und über die Spaghetti geben.

Cookies & Cakes

Last but not least: die süßen Seiten.
Legendär: der New Yorker Cheesecake.
Spektakulär: der American Key Lime Pie.
Ubiquitär: die Chocolate Brownies.
Alles nicht gerade was für Kalorienzähler und Cholesterinverächter, aber unbedingt jede Sünde wert.

In den Delis werden die kleinen Kuchen zu Desserts und sind der Abschluss eines guten Essens. Was uns überhaupt nicht daran hindert, sie am Nachmittag genauso lecker zu finden Und Cookies und Brownies schmecken ohnehin immer und überall.

Apfel-Streusel-Kuchen

FÜR 20 STÜCKE: 100 g Rosinen in 100 ml Apfelsaft quellen lassen. 100 g Butterstückchen mit 200 g Mehl, 50 g Zucker und 1 Ei verkneten, falls nötig etwas eiskaltes Wasser zugeben, bis ein fester Teig entsteht. 30 Minuten kalt stellen. Teig ausrollen, auf ein mit Backpapier ausgelegtes Blech geben, einstechen. Backofen auf 200 °C vorheizen.

800 g Äpfel schälen, vom Kerngehäuse befreien und in Spalten schneiden. Mit 50 g Zucker, 2 TL Zimtpulver und den abgetropften Rosinen vermengen. 100 g Butter, 50 g Zucker, 150 g Mehl, 1 Ei, 1 EL Zimtpulver und 5 EL helle Sesamsamen zu Streuseln verkneten. Ein Drittel der Streusel auf den Teig geben, dann die Apfel-Rosinen-Mischung und zum Schluss die übrigen Streusel. Im Ofen (Mitte!) 40 Minuten backen. In Stücke schneiden.

Chocolate Brownies

FÜR 32 BROWNIES: Den Backofen auf 180 °C vorheizen. 75 g weiche Butter, 150 g Zucker und 3 Eier cremig rühren. Nach und nach 100 g Mehl, 1 Päckchen Vanillezucker, 50 g Kakaopulver und 100 g Schokostreusel und zum Schluss 1 Päckchen Backpulver unterrühren.

Den Teig dick auf ein gefettetes oder mit Backpapier ausgelegtes Backblech streichen. Im Ofen (Mitte!) etwa 30 Minuten backen. In 32 kleine Rechtecke schneiden.

Peanut Butter Cookies

FÜR 16 COOKIES: Den Backofen auf 200 °C vorheizen. 125 g Mehl und 1 TL Backpulver vermengen. 50 g weiche Butter, 50 g Erdnussbutter, 100 g Zucker und 1 Ei cremig rühren. Dann nach und nach die Mehlmischung zugeben und alles zu einem festen Teig verrühren. 1 Vanilleschote längs aufschlitzen und das Mark herauskratzen. Vanillemark unter den Teig mengen.

Den Teig zu 16 kleinen Bällchen formen und mit Abstand auf ein mit Backpapier ausgelegtes Blech geben. Im Ofen (Mitte!) etwa 10 Minuten backen.

Gut gebacken ist halb gegessen

kleine

Kekse

große Kuchen

New York Cheesecake

Angriff auf jede Diät

FÜR 12 KUCHENSTÜCKE:
1/2 unbehandelte Zitrone, 150 g Mehl
350 g Zucker
1 Päckchen Vanillezucker
100 g kalte Butter + ein bisschen mehr
6 Eier, 1 Vanilleschote
800 g Frischkäse
150 g Sauerrahm, 150 ml Milch
2 EL Puderzucker

Zeit: 30 Minuten + 1 Stunde Kühlen + 70 Minuten Backen • Kalorien pro Stück: 500

1 Die Zitrone mit heißem Wasser gründlich waschen. Die Schale sehr fein abreiben und den Saft auspressen. Schale und Saft mit Mehl, 50 g Zucker und Vanillezucker vermengen. 100 g Butter in kleinen Stücken und 1 Ei zugeben und unterhacken. Alles rasch zu einem Teig verkneten und 1 Stunde im Kühlschrank kalt stellen.

2 Den Backofen auf 200 °C vorheizen. Eine Springform (28 cm Ø) mit ein bisschen Butter ausfetten. Den Teig dünn ausrollen und den Boden der Form damit auslegen. Den Teig mit einer Gabel mehrfach einstechen und im Ofen (Mitte!) etwa 8 Minuten backen. Inzwischen die Vanilleschote längs aufschneiden, das Mark herauskratzen und mit Frischkäse, Sauerrahm, Milch, restlichem Zucker und übrigen Eiern verrühren.

3 Die Form aus dem Ofen nehmen, die Temperatur auf 220 °C erhöhen. Die Frischkäsemasse in die Form auf den vorgebackenen Boden geben und wieder zurück in den Ofen stellen. Nach etwa 10 Minuten, wenn der Kuchen eine leicht goldbraune Oberfläche bekommen hat, die Hitze auf 150 °C verringern und den Cake noch 1 Stunde weiterbacken.

4 Den Kuchen aus dem Ofen nehmen, mit einem Messer vom Springformrand lösen, auskühlen lassen und das Blech der Springform entfernen. Jetzt nur noch den New York Cheesecake mit dem Puderzucker überstäuben – und schmecken lassen.

AUCH NICHT SCHLECHT: Wer will, kann den Cake mit Früchten eine besondere Note verleihen. 200 g Beerenfrüchte (z. B. Erdbeeren, Brombeeren, Heidelbeeren) verlesen, waschen, putzen und in etwas Fruchtsaft wenige Minuten garen. Je nach Süße der Beeren noch mit etwas Zucker süßen. 1 TL Speisestärke mit 2–3 EL kaltem Wasser anrühren und die Beerenmischung damit binden. Abkühlen lassen und auf den ausgekühlten Käsekuchen streichen. Oder den Kuchen bei besonderen Anlässen mit ungespritzten Rosenblüten dekorieren.

American Key Lime Pie
Auch Amis können backen!

FÜR 12 PIESTÜCKE: 250 g Mehl • 150 g Zucker • 150 g Butter + ein bisschen mehr • 1 EL weißes Gelatinepulver • 2 unbehandelte Limetten • 4 Eier • 200 g Sahne • Hülsenfrüchte zum Blindbacken (z. B. Linsen oder Erbsen) • 1 EL gehackte Pistazien • 1 EL Puderzucker

Zeit: 35 Minuten + 30 Minuten Blindbacken + 3 Stunden Kühlen • Kalorien pro Stück: 300

1 Mehl mit 50 g Zucker und 150 g Butter zu Krümeln verkneten. Esslöffelweise so viel kaltes Wasser zugeben, bis man daraus einen Teig kneten kann. Teig 30 Minuten kalt stellen. Gelatine 10 Minuten in kaltem Wasser quellen lassen. Limetten waschen, dünn schälen und die Schale in feine Streifen schneiden. Limetten auspressen. Eier trennen und die Eigelbe mit Limettensaft, 50 g Zucker und 2 EL Wasser bei mittlerer Hitze unter Rühren erwärmen, die Gelatine darin auflösen. Weiterrühren, bis die Masse cremig wird, abkühlen lassen.

2 Backofen auf 200 °C vorheizen. Eiweiße mit übrigem Zucker steif schlagen, Sahne ebenfalls steif schlagen. Eigelbcreme, Sahne und Eischnee vermengen und kühlen. Eine Springform (26 cm Ø) mit ein bisschen Butter ausfetten. Den Teig auf einer bemehlten Arbeitsfläche ausrollen und die Form damit auskleiden. Backpapier auf den Teig legen, Hülsenfrüchte einfüllen und im Ofen (Mitte!) 30 Minuten blindbacken. Papier und Hülsenfrüchte entfernen. Die Creme nochmals durchrühren und auf dem Teigboden in der Form verteilen. Im Kühlschrank in etwa 3 Stunden fest werden lassen. Mit Limettenstreifen, Pistazien und Puderzucker dekorieren.

Erdbeeren-Rhabarber-Crisps
Obst auf die knusprige Art

FÜR 30 CRISPS: 250 g Erdbeeren • 500 g Rhabarber • 1 unbehandelte Orange • 300 g Zucker • 1 TL Speisestärke • 300 g kernige Haferflocken • 200 g geschälte Mandeln • 1 Vanilleschote • 150 g weiche Butter • 150 g Mehl • 4 Eier • 1 TL Zimtpulver

Zeit: 35 Minuten + 30 Minuten Backen • Kalorien pro Crisp: 190

1 Erdbeeren waschen, putzen und halbieren. Rhabarber waschen, putzen, schälen und klein schneiden. Orange waschen, Schale abreiben und Saft auspressen. Schale und Saft mit 100 g Zucker, Erdbeeren und Rhabarber in einem Topf vermengen. Stärke mit etwas kaltem Wasser anrühren und untermischen. Unter Rühren aufkochen und erkalten lassen. Backofen auf 200 °C hochheizen, Backblech mit Backpapier auslegen.

2 Haferflocken in einer Pfanne ohne Fett kurz rösten. Ebenso die Mandeln rösten und grob hacken. Vanilleschote längs aufschneiden, das Mark herauskratzen und mit übrigem Zucker, Butter, Haferflocken, Mandeln, Mehl, Eiern und Zimt zu einem Teig verrühren. Den Teig in kleinen Häufchen auf das Blech setzen, in die Mitte eine kleine Mulde drücken und die Fruchtmasse hineinfüllen. Im Ofen (Mitte!) etwa 30 Minuten backen.

RISE and
SHINE
MAPLE
WALNUT

Bananen-Tarte

Zum Reinsetzen gut

FÜR 12 TARTESTÜCKE:
1/2 unbehandelte Zitrone
200 g Mehl
50 g weißer Zucker, 1 Päckchen Vanillezucker
1 Ei, 100 g kalte Butter + ein bisschen mehr
Hülsenfrüchte zum Blindbacken (z. B. Linsen oder Erbsen)
100 g Macadamia-Nüsse
6 reife Bananen
2 EL Sahne
25 g Zartbitterschokolade
100 g brauner Zucker

Zeit: 1 Stunde + 1 Stunde Kühlen • Kalorien pro Stück: 240

1 Die Zitrone heiß waschen, die Schale fein abreiben und den Saft auspressen. Zitronenschale und -saft mit Mehl, weißem Zucker, Vanillezucker und Ei in eine Schüssel geben. 100 g Butter in kleinen Flocken zufügen und alles schnell zu einem Teig verkneten. Zu einer Kugel formen und im Kühlschrank 1 Stunde kalt stellen.

2 Den Backofen auf 200 °C vorheizen. Eine große Tarteform mit ein bisschen Butter einfetten. Den Teig dünn ausrollen und die Form damit auskleiden. Überstehende Teigränder einfach abschneiden (hier darf der Teig genascht werden). Den Teig mit einer Gabel einstechen, mit Backpapier belegen und die Hülsenfrüchte einfüllen. Dann ab in den Ofen (Mitte!) und etwa 15–20 Minuten blindbacken.

3 Inzwischen die Nüsse grob hacken. Die Bananen schälen und in etwa 1 cm dicke Scheiben schneiden. Die Sahne erhitzen, die Schokolade hacken und in der Sahne schmelzen lassen. Dann die Schokosahne so weit abkühlen lassen, dass sie sich dickflüssig in schmalen Streifen über die Tarte gießen lässt.

4 Die Form aus dem Ofen holen, Hülsenfrüchte und Papier entfernen. Den Grill des Ofens oder die höchste Oberhitze einstellen. Die Bananenstücke auf der Teigkruste verteilen, Nüsse und braunen Zucker darüber streuen. Tarte in den Ofen (oben!) schieben und den Zucker karamellisieren lassen. Achtung: Unbedingt (!) ständig kontrollieren, dass der Kuchen nicht zu dunkel wird.

5 Die Tarte etwas abkühlen lassen und die Schokosahne mit einem Löffel in dünnen Streifen darüber verteilen. Die Tarte darf ruhig einen Tag stehen, um gut durchzuziehen, bevor sie gegessen wird.

Black and White Cookies

Amerikaner fürs bunte Leben

FÜR 15 COOKIES:
200 g Zucker
150 g weiche Butter
2 Eier
1/2 Zitrone
150 ml Milch
1 Päckchen Vanillezucker
300 g Mehl
1 Päckchen Backpulver
150 g Zartbitterkuvertüre
150 g Puderzucker

Zeit: 20 Minuten + 30 Minuten Backen • Kalorien pro Cookie: 280

1 Erst an den Backofen denken und diesen auf 180 °C vorheizen und ein Backblech mit Backpapier auslegen. Zucker und Butter schaumig rühren, dann die Eier unterschlagen, so dass eine schaumig-cremige Masse entsteht. Die Zitrone auspressen und den Saft mit Milch und Vanillezucker unterrühren. Mehl mit Backpulver vermischen und nach und nach unter die Schaummasse mengen.

2 Jetzt mit einem Esslöffel Teighäufchen aufs Blech setzen, dabei einen Mindestabstand von etwa 4–5 cm zwischen den Häufchen einhalten. Reicht der Platz auf dem Blech nicht aus, für die letzten Cookies auch noch ein zweites Blech mit Backpapier auslegen und den übrigen Teig in Häufchen darauf setzen. Im Ofen (Mitte!) die Cookies etwa 20 Minuten backen. Vom Blech nehmen und auf einem Kuchengitter abkühlen lassen.

3 Die Kuvertüre grob hacken und entweder in einem kleinen Topf bei geringer Hitze auf dem Herd schmelzen oder in einem kleinen Schälchen in der Mikrowelle. Zum Puderzucker nach und nach so viel kochend heißes Wasser geben, bis sich der Zucker in eine dicke Masse verwandelt hat (Vorsicht: Man braucht nicht viel!).

4 Die leicht abgekühlten Cookies auf der flachen Seite je zur Hälfte mit der weißen Puderzuckerglasur und der dunklen Kuvertüre bestreichen und vollkommen auskühlen lassen.

Happy hour drinks

Banana Buttermilk Smoothie

FÜR 1 GLAS: 1/2 Banane schälen, grob zerkleinern und mit 200 g Naturjogurt, 2 Eiswürfeln, 1 Päckchen Vanillezucker und 1 Kugel Vanilleeis im Mixer pürieren. In ein großes Milchglas füllen und mit etwas Kakaopulver bestreuen.

Coffee Smoothie

FÜR 1 GLAS: 1 Banane schälen, grob zerkleinern und mit 1 EL Erdnussbutter, 1 EL Honig, 1 TL Instant-Kaffee, 150 ml kalter Milch und 2 Eiswürfeln im Mixer pürieren. In ein großes Milchglas gießen und mit etwas Instant-Kaffee bestreuen.

Pink Power

FÜR 1 GLAS: 100 g Kefir und 50 ml Milch mit 100 g TK-Himbeeren und 1 TL Honig im Mixer kräftig pürieren. In ein großes Milchglas füllen und mit etwas Zimtpulver bestreuen.

Dass ein Deli noch eine kleine Bar hat, ist leider die Ausnahme. Doch eine gute! Was morgens mit ‘nem Bagel begann, sollte nachts mit einem Manhattan dry zu Ende gehen: ein richtig guter Tag.

Neben dem einen oder anderen netten Cocktail überschwemmen Smoothies die Deli-Bars. Weiche, fruchtige Shakes mit Jogurt, Obst, Eis und jeder Menge luftiger Cremigkeit. Sie zergehen auf der Zunge und sind der Dauerbrenner in den Staaten! Jeder, der den Cappuccino-Schaum so gerne mag, liebt auch Smoothies. Versprochen!

Manhattan Mango

FÜR 1 GLAS: 1 kleine Mango schälen, das Fruchtfleisch rechts und links vom Kern abschneiden. Mit 150 ml Buttermilch, 1 TL Zitronensaft und 1 TL Honig im Mixer pürieren. In ein großes Milchglas gießen.

Greencard

FÜR 1 GLAS: 1/2 kleine Galia-Melone entkernen, einen breiten Schnitz zur Deko abschneiden und das restliche Fruchtfleisch aus der Schale lösen. 1 Kiwi und 1/2 Banane schälen, grob schneiden und mit dem Melonenfruchtfleisch und 2 Eiswürfeln im Mixer pürieren. Den Melonenschnitz einschneiden, auf den Rand eines großen Milchglases setzen und den Drink einfüllen.

Manhattan dry

FÜR 1 GLAS: 4 cl Whisky, 2 cl Vermouth dry und 2 Spritzer Angostura mit 4 Eiswürfeln verrühren. Durch ein Sieb in ein vorgekühltes Glas abgießen. Mit 1 unbehandelten Limettenscheibe servieren.

Americano

FÜR 1 GLAS: 3 cl Campari Bitter und 3 cl Vermouth Rosso mit 6 Eiswürfeln in ein Becherglas geben. 1 Stückchen unbehandelte Orangenschale so zusammenpressen, dass etwas von ihren ätherischen Ölen in den Cocktail spritzt (man nennt das auch abspritzen!), und dann die Orangenschale zugeben. Kaltes Sodawasser gibt es getrennt dazu, manche gießen es auch in den Drink.

Tequila Sunrise

FÜR 1 GLAS: 4 Eiswürfel in ein hohes Glas geben, 1 cl Grenadine zugießen. 5 cl weißen Tequila und 1 cl Zitronensaft vorsichtig zugeben und mit 120 ml Orangensaft vorsichtig auffüllen, so dass sich die Flüssigkeiten ganz langsam vermischen.

Falls mal kein Sonnenuntergang in der Nähe ist, kann man sich das Farbenspiel im Glas ansehen. Unter uns gesagt: Ist nur ein schwacher Trost. Den Drink zu trinken, anstatt ihn anzustarren, bringt erheblich mehr.

AUCH NICHT SCHLECHT: Wer will, kann noch je 1 unbehandelte Orangen- und Zitronenscheibe etwas einschneiden und auf den Glasrand stecken.

Martini dry

FÜR 1 GLAS: 4 Eiswürfel mit 1 cl Vermouth dry und 5 cl Gin verrühren. Dann durch ein Sieb ins Cocktailglas abgießen. Mit 1 Stückchen unbehandelter Zitronenschale abspritzen (also die Zitronenschale zusammendrücken, so dass ein paar Spritzer ätherisches Öl in den Cocktail gehen) und den Martini mit 1 Olive (in Wasser eingelegt!) servieren.

Gimlet

FÜR 1 GLAS: 4 cl Gin und 2 cl Rose's Lime Juice mit 4 Eiswürfeln verrühren und durch ein Sieb ins Cocktailglas abgießen. Fertig!

AUCH NICHT SCHLECHT: Wer gerade 'ne Limette zur Hand hat, schneidet 1 Scheibe davon ab und gibt sie in den Cocktail. Sonst geht's auch ohne.

Register von a–z

Die Basic family

rund ums Kochen + Backen

NEU

3-7742-3221-0

NEU

3-7742-3270-9

3-7742-2005-0

3-7742-1642-8

3-7742-1142-6

NEU

3-7742-3250-4

NEU

3-7742-3247-4

3-7742-2716-0

3-7742-2715-2

3-7742-2713-6

3-7742-2202-9

3-7742-2198-7

3-7742-2200-2

Impressum

Der Autor: **Friedrich Bohlmann** (fbohlmann@t-online.de).
Autor vom Mini-Basic DRINKS und von NATURAL BASICS – und hier wieder einmal in seinem Element: Mit ihm erlebt man auch ohne Langstreckenflug die kulinarische Faszination von New York City. Spannend und unwiderstehlich!

Bildnachweis

Alexander Walter: Foodfotos, Produktfotos S. 17, 33, 49, 65, 81; **Alexander Walter (Archiv):** S. 12 (Zimt); **Foodfotografie Eising:** Titelmotiv; **Barbara Bonisolli:** S. 12 (Ketschup)

Image Bank:
Alan Becker, S. 2; **Andy Caulfield,** S. 6, 69 (Freiheitsstatue); **Alfred Gescheidt,** S. 21 (Gebäckstand); **Steve Dunwell,** S. 59 (Chinatown Cafe)

Laif:
Murat Türemis, S. 8, 45 (Diner Bar); **Anna Neumann,** S. 9, 69 (Coca Cola), 85 (Kaffeesäcke); **Falke,** S. 21 (Obststand); **Neumann,** S. 37 (Mann mit Kürbis); **Lass,** S. 45 (Squeeze-Bar), 75 (Eck-Bar); **Peter Gebhard,** S. 59 (Chinatown Chicken)

Picture Press:
Semet, S. 4; **Lehmann,** S. 37 (Bed and Breakfast), 75 (Farmer Markt), 85 (Diner-Neonschild)

StockFood:
Barbara Bonisolli, S. 13 (Sojasauce); **Picture Box,** S. 13 (Zwiebel); **S. & P. Eising,** S. 12 (Basilikum), 13 (Senf), 91

Konzept & Redaktion:
Sabine Sälzer
Lektorat, Satz und DTP:
Christina Kempe
Korrekturlesen: Susanne Elbert
Gestaltung und Layout:
Thomas Jankovic, Sybille Engels
Fotos: Alexander Walter
Fotoassistenz: Florian Peljak
Requisite, Styling, Food:
Christina Kempe
Herstellung: Renate Hutt
Repro: W&Co. Media Services, München
Printed in Italy

ISBN: 3-7742-3247-4

Auflage	4.	3.	2.	1.
	2004	2003	2002	2001

Das Original mit Garantie

Ihre Meinung ist uns wichtig. Deshalb möchten wir Ihre Kritik, gerne aber auch Ihr Lob erfahren, um als führender Ratgeberverlag für Sie noch besser zu werden. Darum: Schreiben Sie uns! Wir freuen uns auf Ihre Post und wünschen Ihnen viel Spaß mit Ihrem GU-Ratgeber.

Unsere Garantie: Sollte ein GU-Ratgeber einmal einen Fehler enthalten, schicken Sie uns bitte das Buch mit einem kleinen Hinweis und der Quittung innerhalb von sechs Monaten nach dem Kauf zurück. Wir tauschen Ihnen den GU-Ratgeber gegen einen anderen zum gleichen oder ähnlichen Thema um.

Ihr Gräfe und Unzer Verlag
Redaktion Kochen
Postfach 86 03 25
81630 München
Fax: 089/41981-113
e-mail: leserservice@graefe-und-unzer.de